Margery (Gred)

Un conte du vieux Nuremberg (Volume 3)

Georg Ebers

(Traducteur : Clara Bell)

Writat

Cette édition parue en 2024

ISBN : 9789359942032

Publié par
Writat
email : info@writat.com

Contenu

CHAPITRE XI.

Herdegen devait être de retour à Padoue avant la semaine de la Passion, et je me souviendrai avec gratitude du jour de ma mort, des quelques mois qui suivirent le digne Veit l'enterrement de Spiesz et avant le départ de mon frère. Pas un jour ne se passait sans notre rencontre ; et après que mon cœur m'eut poussé à raconter à ma cousine Maud tout ce qui s'était passé, et qu'Herdegen eut donné son consentement, nous fûmes débarrassés une fois pour toutes du mystère qui avait d'abord pesé sur nos âmes.

En vérité, la digne dame ne trouvait pas facile de considérer avec bienveillance ces fiançailles précoces et mal assorties ; et pourtant elle n'avait ni le cœur ni la force de résister. Lorsque deux jeunes gens qui lui sont chers débordent de grand bonheur, la femme qui voudrait les chasser de ce jardin d'Eden et gâcher leur bonheur présent avec des avertissements de malheurs futurs doit être d'un autre cœur et d'un autre esprit que la cousine Maud. Elle prévoyait en effet que le chagrin surviendrait au cours de nombreuses heures de méfiance le jour et de nombreuses nuits d'insomnie, plus particulièrement à cause de sa crainte et de sa crainte envers mon grand-oncle ; et en effet, elle-même n'était pas dépourvue de la vieille fierté de race qui habite tout Nurembergois né sous les armoiries d'un chevalier. Elle ne tenait pas compte du fait qu'Ann était pauvre ; mais le fait qu'elle ne soit pas de noble naissance était en effet un chagrin et la remplissait de doutes. Mais alors, quand les yeux de son bien-aimé Herdegen brillèrent si brillamment et qu'elle vit Ann s'accrocher à lui avec un ravissement vierge, la vexation et l'inquiétude n'étaient plus.

Si j'avais chanté un grand hymne de louange dans les bois sur leur beauté printanière et automnale - et en vérité il avait jailli de mon cœur - j'étais prêt à penser que l'hiver en ville n'était pas moins agréable, surtout à l'abri d'une maison. si chaleureux et bien construit que notre ancien Schopper-hof .

Au siècle dernier, lorsque, à l'époque de l'empereur Carolus—[Charles IV., 1348]—accession au trône, les corporations, sous la direction des Gaisbart et des Pfauentritt , s'étaient soulevées contre les familles nobles et le conseil vénérable. , ils accusaient les anciens de tenir leur maison, non comme il convenait à de simples citoyens, mais à la manière des princes ; et ils n'avaient pas beaucoup tort, car j'ai en effet entendu dire que lorsque certains marchands scandinaves venaient dans notre ville, ils disaient que la demeure d'un noble de Nuremberg était à tous égards à la hauteur du palais de leur roi.

> [Gaisbart (barbe de chèvre) et Pfauentritt (paon-patte), étaient des surnoms donnés aux chefs des guildes qui se

révoltaient contre les familles patriciennes de Nuremberg, parmi lesquelles seules pouvaient être élus les échevins ou le conseil municipal. Cette classe patricienne est née en 1198 sous l' empereur Henri IV, qui anoblit 38 familles de citoyens. Ils étaient en quelque sorte comparables aux familles appartenant à la Signoria de Venise, parmi lesquelles, de la même manière, était choisi le grand conseil.]

En ce qui concerne notre maison, elle avait quatre étages et sept fenêtres à chaque étage ; avec des oriels bien conçus aux angles et des tourelles pointues sur le toit. Les pignons étaient sur rue, en trois marches ; au-dessus de la grande porte de la maison se trouvaient nos armoiries, les trois maillons des Schoppes et la tête du fou avec un bonnet et des cloches comme écusson au sommet du casque. Les fenêtres du milieu des premier et deuxième étages étaient de dimensions nobles, et là brillaient de beaux et brillants carreaux de verre de Venise, tandis que les autres fenêtres étaient constituées de petites cocardes serties de plomb.

Et même si, de l'extérieur, c'était une belle et belle maison à voir, je n'espère jamais voir une demeure plus chaude, plus douillette et plus confortable que les salons dans lesquels nous avons vécu pendant l'hiver ; bien que j'aie trouvé les salons et les chambres des palais des Signori à Venise plus hauts et plus aérés , et plus grands et plus grandioses. Chaque fois que j'ai eu le mal du pays sous le ciel bleu ensoleillé de l'Italie, c'était pour la plupart que j'aspirais au feuillage vert riche et frais et aux ruisseaux coulants de ma propre terre ; mais, à côté d'eux, après notre agréable chambre dans la maison Schopper , avec son chaud poêle de faïence verte, avec les figures des Apôtres, et la fenêtre d'angle où j'avais filé tant d'écheveaux de fil fin, et qui c'était particulièrement le mien, même si j'étais toujours prêt et heureux d'y céder mon droit, quand Herdegen le demandait pour s'asseoir et faire l'amour avec sa bien-aimée.

Les murs de cette belle chambre étaient tendus de tapisseries des Flandres, et je vois encore aujourd'hui les tableaux qui y furent si habilement tissés. Ce que j'aimais le plus, depuis que j'étais petite, c'était la Naissance du Sauveur , où l'on pouvait voir la Mère et l'Enfant, les bœufs et les ânes, les trois saints rois de l'Orient, le plus beau d'entre eux tous. Blackamoor avec une grande barbe jaune qui descend sur ses robes. Sur les autres tentures, on voyait un tournoi ; et je me souviens encore aujourd'hui que, lorsque j'étais un jeune enfant, je regardais le héraut qui sonnait de la trompette, de peur que ses joues n'éclatent, tant elles étaient gonflées et il ne cessait de souffler. très difficile. Entre le haut de ces tentures et le plafond se trouvait une corniche en bois clair, en chêne, sur laquelle mon père, Dieu le garde, avait fait sculpter divers bouquets de sa propre invention. Vous pourriez lire ici :

"Notre vie peut être comme un visage
auquel l'amour prête les yeux pour voir."

Ou encore,

"Le Seigneur Tout-Puissant cache sa face glorieuse
Pour que nous ne cessions pas de rechercher sa grâce."

Ou sinon,

"Le Seigneur dirigera ma vie pendant que je reste assis,
et la dirigera correctement par sa juste volonté."

Et tandis que mon père aimait les chants joyeux, il avait écrit ailleurs :

"Si la vie est comparée à un endroit épineux,
la chanson est l'embrun fleuri qui lui donne la grâce."

Certaines de ces rimes y avaient été gravées par mon grand-père, par exemple ces vers :

"À cheval et en chariot , j'ai voyagé de haut en bas,
mais je n'ai trouvé aucun équivalent pour ma ville natale."

Et sous nos armoiries se trouvait ce bouquet.

"Pendant que la chaîne sur l'écusson tient fermement et rapidement,
le fou sur le blason sera en jeu jusqu'au bout."

Des sièges joliment sculptés et des coussins recouverts d'étoffes bariolées du Levant, très agréables à voir, de tous les beaux trésors des murs, des miroirs de Venise et de la cage de métal avec un perroquet gris dedans, que Jordan Kubbelmg , le fauconnier de Brunswick, l'avait donné à ma chère mère, je n'en dirai pas plus ; mais je voulais faire comprendre que tout était propre et clair, bien ordonné et de bon choix, et surtout douillet et chaleureux. Bien plus, et si tout cela avait été bien moins coûteux et bien moins beau à regarder, il y aurait eu, pour ainsi dire, un souffle de foyer qui aurait dû réjouir le cœur de n'importe quel homme : dans la mesure où toutes ces belles choses n'étaient pas d'hier ni d'aujourd'hui. jour, mais avait longtemps été une joie pour beaucoup de personnes qui nous sont chères ; de sorte que notre bien-être dans cette demeure n'était que la continuation de la bonne vie que nos parents et grands-parents avaient connue avant nous.

Cependant, ceux qui liront cet écrit savent à quoi ressemble habituellement une maison patricienne à Nuremberg ; et celui qui a vécu lui-même une enfance semblable n'a pas besoin qu'on lui dise à quel point on peut jouer à cache-cache dans une grande salle, ni quels passe-temps variés et joyeux peut-on inventer au crépuscule, dans une salle à manger où les lumières pendent.

les énormes poutres du plafond ; et nous connaissions avec certitude tous les jeux qui méritaient d'être nommés.

Mais à cette époque, tout cela était passé et révolu ; seul l'amour du chant ne s'éteindrait jamais dans la demeure de celui qui avait été bien content de s'entendre appeler par ses camarades « Schopper le Chanteur ». Ah ! comme leurs voix, celles d'Ann et de mon frère, sonnaient à merveille lorsqu'ils chantaient des chansons allemandes au luth ou à la mandoline , ou peut-être des airs italiens, selon leur choix. Mais il y en avait une que je ne me lasserais jamais d'entendre et qui, me semblait-il , devait agir comme un cordial sur le cœur rebelle de Herdegen . Les paroles étaient celles de Maître Walther von der Vogelweirde et étaient les suivantes :

"Le véritable amour n'est ni un homme ni une jeune fille,
Aucun corps n'a ni âme, Ni aucune apparence ici-bas, Son nom nous l'entendons, lui-même inconnu. Pourtant, sans amour, aucun homme ne peut gagner La grâce et la faveur du Seigneur. Place donc ta confiance en ceux qui aiment ; L'amour ne peut demeurer dans aucun cœur faux. »

Et lorsqu'ils arrivaient aux dernières lignes, Kunz se joignait souvent à eux, prenant la partie de basse ou continuant la mélodie. Pour le reste, il restait modestement à l'arrière-plan, car depuis qu'il avait appris que Herdegen et Ann étaient d'accord, il la servait comme un véritable et dévoué écuyer, alors qu'il était maintenant plus silencieux que par le passé, et dans les yeux de son frère aîné. présence presque muette. Pourtant, cela ne m'a pas étonné , car j'ai souvent remarqué que les frères n'ont pas l'habitude de se dire grand-chose, et même entre amis, l'un est assez prêt à se taire si l'autre prend la parole. En outre, à Pâques, Kunz devait également quitter la maison et se rendre à Venise, sur l'ordre de mon grand-oncle. L'amour de Herdegen pour son frère n'avait certainement subi aucune rupture ; mais, comme beaucoup d'autres disciples de Minerve, il était disposé à mépriser les adeptes de Mercure.

Néanmoins, les maillons de la chaîne Schopper , à laquelle Ann avait maintenant été jointe en tant que quatrième, tenaient ensemble avec courage, et lorsque nous ne chantions pas, mais nous réunissions pour une conversation amicale, nos discours n'étaient que rarement des sujets sans valeur et vains, dans la mesure où Herdegen faisait partie de ceux qui étaient prêts et libres de parler à transmettre ce qu'il avait lui-même appris, et c'était le don particulier d'Ann d'écouter attentivement et de poser des questions discrètement.

Et qu'y avait-il que mon frère n'eût pas appris du grand Guarino, et du non moins grand humaniste, son disciple Vittorino da Feltre, alors Magistri à Padoue ? Et comment il avait trouvé le temps, dans une vie gaie et occupée, d'étudier non seulement la science du droit, mais aussi le grec, et cela si diligemment que son maître était toujours prêt à le louer, était pour moi un sujet d'émerveillement. Et avec quelle joie nous avons écouté lorsqu'il nous parlait du grand Platon et nous faisait savoir pourquoi et pour quelles raisons sa doctrine lui paraissait, à Herdegen , plus solide et plus élevée que celle d'Aristote, sur lequel il avait autrefois beaucoup appris à Nuremberg. Et tandis que j'étais ému de craindre que ces œuvres des païens ne le tentaient de s'éloigner de la vraie foi, mon âme trouva du réconfort lorsqu'il nous prouva qu'une lampe aussi glorieuse de l'Église que saint Augustin les avait suivies sur bien des points. Aussi Herdegen avait écrit de nombreux vers du grand chant d'Homère à partir d'un précieux livre écrit et avait appris à bien les maîtriser grâce à l'enseignement du docteur de Feltre. C'était cette partie dans laquelle un grand héros dans le combat, ou lorsqu'il part au combat, prend congé de sa femme et de son petit-fils ; et pour moi et Ann, cela nous paraissait si beau et en même temps si touchant, que nous pouvions bien comprendre comment Pétrarque écrivait que rien de plus que de voir un livre d'Homère ne le rendait heureux, et qu'il désirait par-dessus tout serrer ce livre dans ses bras. grand homme dans ses bras.

En effet, les poèmes et les écrits de Pétrarque nous ont procuré de plus grands délices que tous les païens grecs et romains. Maître Ulsenius les avait déjà prêtés à Ann, et elle, comme une abeille sur une fleur, suçait quotidiennement une goutte de miel de leur magasin. Pourtant, il y avait un témoignage de Petrarca , qui était sans doute le plus fidèle de tous les amants, qu'elle aimait par-dessus tout. Au cours de la période effroyable de la peste noire, qui s'abattit comme un fléau sur le monde entier, et principalement sur l'Italie, au siècle dernier, la dame à laquelle il avait voué le plus profond et le plus pur dévouement, lui apparut en rêve un beau printemps. matin comme un ange du Ciel. Et tandis qu'il lui demandait si elle était vivante, elle lui répondit en ces termes : « Veille à me connaître ; car je suis celle qui t'a éloigné du chemin des hommes ordinaires, d'autant que ton jeune cœur s'est accroché à moi. " Et voilà ! le 6 avril même qui lui apporta cette vision, vingt et un ans après qu'il l'avait vue pour la première fois, Laura avait connu une fin pieuse.

Avec des yeux suppliants, Ann répétait à sa meilleure amie, alors qu'elles étaient assises ensemble dans la baie de l'Oriel, comment Laura avait éloigné sa Pétrarque des voies des hommes ordinaires ; et cela me serra le cœur de l'entendre le supplier, avec une prière timide et pourtant affectueuse et sincère, de lui accorder d'être sa Laura et de le guider loin des sentiers battus, car ils étaient étroits et bas pour son esprit ailé. . Et tandis qu'elle parlait ainsi, ses grands yeux avaient une merveilleuse lumière claire et glorieuse, et quand je regardais son visage enveloppé dans le voile de son deuil pour son père, mon esprit devenait solennel, comme si j'étais à l'église. Herdegen devait ressentir cela aussi, je pense, car il pliait le genou devant elle, cachait son visage sur ses genoux et lui baisait les mains encore et encore.

Mais ces heures solennelles étaient peu nombreuses.

D'abord et enfin, c'était une camaraderie heureuse, libre et gaie, quoique mêlée de sérieux, qui nous unissait ; et quand le père d'Ann était mort depuis quelques semaines, notre ancienne joie nous revenait, et alors, après l'avoir regardée pendant un moment, Herdegen frappait tout à coup du luth et chantait le vieux joyeux :

"Viens, chérie, viens à moi.
Ah comme je te désire!
Ah, comme je te désire
Viens, chérie, viens à moi. Douces lèvres roses à embrasser, Viens alors et apporte-moi le bonheur, Viens alors et apporte-moi le bonheur , Douces lèvres roses à embrasser !"

Et nous y participerions tous, même la cousine Maud ; bien plus, elle regarderait ailleurs ou quitterait la chambre, se faufilant derrière Kunz et levant un doigt d'avertissement, lorsqu'elle percevrait comment les « lèvres douces et roses » de son Ann incitaient celles de Herdegen à les embrasser. Mais il y avait bien d'autres chansons, et souvent, lorsque nous étions d'humeur joyeuse plus que commune, nous, jeunes étranges, chantions les contes et les airs les plus tristes que nous connaissions, comme celui appelé « Deux Eaux », et pourtant nous n'étions que le plus gay .

Herdegen ne pouvait être dispensé de son devoir de rendre hommage de temps en temps aux nombreux amis de notre honorable famille, mais il restait toujours à l'écart des danses et des festins, et lorsqu'il était obligé d'y assister , j'étais toujours à ses côtés. et ce fut une joie pour moi de voir combien son attitude était courtoise et froide envers toutes les autres dames.

Le cinquantième anniversaire du maître fut célébré en temps voulu chez les Tetzel , et pour plaire à mon grand-oncle, Herdegen ne put refuser de participer au chant et à la danse, et également d'emmener Ursula, la fille de la maison, dans les danses. Il n'a pas non plus perdu son air gai mais insouciant, même si elle n'a pas voulu quitter son côté et l'a choisi pour danser avec elle dans "The Sulkers", une danse dans laquelle l'homme et la servante se tournent d'abord le dos, puis se réconcilient et baiser. Mais quand il s'agissait de cela, la honte vierge m'a fait monter le sang aux joues ; car au son de la musique, en présence de toute la compagnie, elle tomba dans ses bras, comme par hasard ; et cela lui servait bien quand il ne voulait pas lui embrasser les lèvres, ce qu'elle était assez prête à offrir, mais touchait seulement son front avec les siens.

Dans la mesure où elle avait dansé avec lui la Danse d'honneur ou première danse, c'était à lui de lui demander la main pour la dernière danse, la « danse du grand-père » ; —[Encore une danse country bien connue en Allemagne.] — mais elle aurait voulu le punir du vexation qu'il lui avait causée et lui avait tourné le dos. Mais lui ne voulait rien de tout cela ; il lui saisit la main avant qu'elle s'en aperçut et l'entraîna après lui. C'était en vain de lutter, et bientôt sa forte volonté lui fit plaisir, et son visage rayonna de nouveau avec un éclat éclatant, lorsque, comme l'exige cette danse, il lui avait ouvert la voie, les autres tous suivant, à travers la chambre et le hall, la cuisine. et la cour, les portes et les fenêtres, et même les écuries. Au cours de cette danse, chacun s'emparait d'un ustensile ou d'un objet de maison, comme nous le faisons encore aujourd'hui ; mais jamais de balai, qui porterait malheur. Ursula avait saisi une cuillère, et quand ce jeu fou fut terminé et qu'il lui eut lâché la main, elle lui frappa vivement le bras avec elle et s'écria : « Tu es toujours ce que tu as toujours été, du moins dans la danse !

Mais mon frère a seulement dit : « Alors, j'essaierai de ne plus devenir le même, même en cela.

Autour du sapin de Noël et lors du partage des cadeaux que cousine Maud préparait pour le réveillon de Noël, nous étions tous amicaux et joyeux de cœur, et Ann a trouvé le moyen de nous rejoindre après avoir couché les petits.

Herdegen dit qu'elle était elle-même le cadeau le plus cher pour lequel il pouvait remercier l'Enfant Jésus, et il lui avait offert en guise de précieux gage le poème héroïque de l'Afrique du grand Pétrarque , dans lequel il chante les exploits du noble Scipion, ainsi que ses exploits. des poèmes plus petits, tous écrits d'une belle main. Ils firent trois livres soignés, et sur la couverture en cuir, le relieur, sur ordre d'Herdegen , avait tamponné les mots « ANNA-LAURA » dans une couronne de roses épanouies. Elle ne tarda pas non plus à comprendre leur intention, et son cœur s'élevait d'une joie si heureuse et pleine d'espoir que l'enfant Jésus ne trouva certainement aucune créature plus heureuse ou reconnaissante dans tout Nuremberg cette veille de Noël.

Les multiples devoirs qui remplissaient toutes ses journées ne lui laissaient que peu de temps pour travailler pour celui qu'elle aimait ; néanmoins elle avait fabriqué avec son aiguille une pochette à lettres, sur laquelle les bras des Schoppers étaient brodés en soies de plusieurs couleurs, et les mots « Agape » et « Pistis », qui sont en grec Amour et Fidélité en lettres grecques avec du fil d'or. La cousine Maud avait puisé profondément dans sa bourse et aussi dans sa presse à linge, et sur la table sous le sapin de Noël gisaient bien des choses dignes du coffre de mariée d'une jeune fille de bonne naissance ; et même si Ann ne pouvait que se réjouir de ces cadeaux pour eux-mêmes, elle le faisait d'autant plus volontiers qu'elle devinait que la cousine Maud était bien disposée à hâter son mariage.

Nous étions tous, en effet, heureux et reconnaissants ; tous sauf le Magister, dont le visage était mécontent et aigre parce qu'il avait extrait de nombreux vers et maximes concernant l'amour, pour la plupart des poètes grecs et latins, et pourtant toutes ses tentatives pour les répéter avant Ann n'aboutissaient à rien. , dans la mesure où elle était toujours occupée de Herdegen et de moi, après lui avoir serré la main et lui avoir adressé ses salutations.

Au souper, il était aussi muet que les carpes qu'on lui servait, et pour la première fois Herdegen s'assit entre lui et la bien-aimée de son cœur ; et en vérité j'étais affligé pour lui quand, après le souper, il se retira abattu dans sa propre chambre. Le reste d'entre nous se rendit à l'église Saint -Sebald , où ce soir-là il y aurait les matines de minuit, comme il y en avait chaque année, et une messe appelée la messe du Christ. La cousine Maud et Kunz étaient avec nous, comme au bon vieux temps où nous étions enfants et où nous ne manquions jamais ; et dans les rues, tandis que nous allions, nous rencontrions toutes sortes de gens chantant joyeusement :

Puer natus à Bethléem,
Chante, réjouis-toi, Jérusalem !

ou le chant de Noël :

Congaudéat turba fadélium !
Natus est rex, Salvator omnium
à Bethléem.

et nous nous y sommes joints ; et enfin tous allèrent ensemble reconduire Ann chez elle.

Le lendemain soir, il y eut des cadeaux plus coûteux, mais même si Puer natus se faisait encore entendre dans les rues, nous n'étions plus incités à y participer.

CHAPITRE XII.

Chaque Noël, tous les amis et parents de mon grand-oncle, ou tous ceux qui étaient en bons termes avec lui, se rassemblaient dans la grande maison de l' Im . Hoffs . Tout dans cette demeure parlait d'aisance et de richesse, et aucune salle de banquet ne pouvait être plus éclairée ni plus richement décorée que celle où le vieillard nous accueillit sur le seuil ; et pourtant, quel que soit le foyer bien rempli ou le poêle chauffé, un souffle glacial semblait y souffler.

Pendant que grands et petits se réjouissaient de la générosité du grand vieux chevalier, lui-même resterait toujours à l'écart, et son visage calme et sans teinte n'exprimait aucun changement. Il me semblait qu'il se souciait peu du plaisir qu'il nous donnait à tous ; pourtant il n'était pas oisif en la matière, ni laissé à d'autres ; car il n'y avait pas un seul cadeau qu'il n'avait lui-même choisi comme convenant à celui à qui il devait être offert.

Le commerce de sa grande maison se faisait principalement avec Venise, et il eût été facile de se croire dans quelque beau palais sur le grand canal en marquant les tapis, les miroirs, les brocarts et les ustensiles de sa maison ; et bon nombre de ses jetons avaient également été apportés de là.

Avant cette largesse dans sa propre maison , il avait coutume d'en accorder une autre, et très noble, aux vieillards et aux femmes des pauvres gens de la ville ; Après cela, il les accompagna à l'église de Saint- Égidius et lava les pieds d'une vingtaine d'entre eux, acte d'humilité pénitentielle qu'il avait l'habitude de répéter pendant la semaine de la Passion.

Puis, lorsqu'il avait accueilli ses proches, chacun chez soi, il disait très sobrement à celui qui le remerciait, s'il s'agissait d'un enfant : « Soyez un bon enfant ». Mais pour les plus âgés, il n'avait que « C'est bien », ou un presque grossier : « Ça suffit ».

Ce soir, il m'avait offert une robe de brocart précieux de Chypre ; à Kunz tout ce dont un Junker peut avoir besoin lors de ses voyages ; et à Herdegen la même épée qu'il avait lui-même portée autrefois à la cour ; la poignée était sertie de pierres précieuses et se terminait par le lion rampant, coupé, de l' Im Hoffs . Ursula Tetzel, comme moi, avait eu une pièce de robe qui gisait à côté de l'épée.

Herdegen , tenant l' arme ornée de joyaux à la main, remercia son grand-oncle, qui marmonna comme à son habitude "'C'est bien, c'est bien", lorsque Jost Tetzel prononça sa parole, disant que le don d'une épée était censé Nous étions en partie amis, mais que cet effet néfaste pourrait être empêché si celui qui le recevait faisait une offrande en retour au donateur, et que le jeton devenait ainsi un achat.

Herdegen s'empressa alors de sortir de son foulard une épingle en or sertie de saphirs, que la cousine Maud lui avait donnée, pour l'offrir à son oncle ; mais l'aîné ne voulut rien dire devant une telle bêtise et repoussa l'épingle. Mais alors, comme mon frère ne cessait pas et le suppliait de l'accepter, étant donné qu'il tenait tant à la bonté paternelle de son oncle, le vieux chevalier s'écria qu'il ne voulait pas de parures aussi étincelantes, mais que le jour viendrait peut-être où il en aurait besoin. un paiement et que Herdegen devait alors se rappeler qu'il lui était redevable.

A ce moment-là, ils furent empêchés de parler davantage par les domestiques, qui vinrent nous inviter à souper, et là se trouvaient des volailles sauvages et des poissons, des fruits et des pâtisseries, avec les vins les plus rares et les ustensiles les plus riches ; la grande table du milieu et le buffet latéral faisaient un tel spectacle que si Pomone, Cérès, Bacchus et Plutus l'avaient entassé d'une main prodigue. Pourtant, il n'y avait aucune disposition pour se réjouir. Mon grand-oncle aimait à être séparé de bonne heure de ses invités ; c'est pourquoi aucune table n'était dressée pour qu'ils puissent s'asseoir autour d'un repas, et chacun tenait son assiette dans une main.

Bientôt, alors que je m'efforçais de me débarrasser du jeune maître Vorchtel qui m'avait servi — et par là même m'avait fait l'amour —, je trouvai mon cousin en train de parler avec mon grand-oncle, et les derniers mots de son discours urgent, prononcés comme Je les ai imaginés, selon lesquels une femme saine d'esprit, comme elle le pensait généralement, ne devrait plus souffrir d'un tel état de choses.

Alors la cousine Maud lui répondit : « Mais toi, mon noble et vénérable cousin Im Hoff, tu sais qu'un Schopper est toujours prêt à se cogner la tête contre un mur. Si nous nous efforçons de contrecarrer ce garçon impétueux, il le fera bien sûr. une certitude nous défie ; mais si nous le laissons pendant un moment suivre son propre chemin, les eaux ne seront pas retenues, mais s'écouleront dans le sable.

C'était une mauvaise audition, et même si cela me contrariait, Ursula m'irritait encore plus, alors qu'elle faisait semblant de ne se soucier d'aucun des membres de la société présente, à l'exception de Sir Franz - qui était pourtant son colocataire - et étant toujours pâle et faible, elle avait besoin d'un entretien amical. main de femme pour de nombreux petits services, dans la mesure où, même maintenant, il pouvait à peine utiliser son bras droit. Bien plus, et il semblait apprécier assez Ursula pour son aide ; bien qu'il devait tous ses doux soins et ses regards affectueux à Herdegen , car elle ne les accordait jamais que lorsqu'il avait l'occasion de regarder de cette façon.

Quand nous avons tous pris congé, mon grand-oncle a invité Herdegen à rester et Kunz nous a servis ; mais malgré toutes ses plaisanteries joyeuses pendant que nous rentrions chez nous, pas une seule fois nous ne pouvions être émus de rire. Mon cœur était effectivement très lourd ; une goutte amère y était tombée à cause de la cousine Maud. Je l'avais toujours considérée comme incapable de faire autre chose que ce qui était le plus vrai et le meilleur, et elle s'était révélée être une double joueuse ; Et si jeune que j'étais, et heureux de la vie, je disais néanmoins, dans le découragement de mon âme, que si la vie était telle que toute pauvre âme humaine devait toujours être armée de doute, disant : « De qui dois-je faire confiance ou douter ? alors ce fut effectivement un voyage difficile et douloureux à surmonter.

J'ai dormi dans la chambre de ma cousine, et bien que la cousine Maud ne sache pas que j'avais entendu ses conseils donnés à mon grand-oncle, elle est restée à l'écart de mon chemin cette nuit-là, et nous n'avons parlé ni l'un ni l'autre jusqu'à ce que nous nous soyons dit bonsoir. Alors je ne pus plus me retenir et je lui demandai si c'était vraiment et effectivement son intention de séparer Herdegen d'Ann.

Et son visage malheureux se plissa étrangement et sa poitrine se souleva jusqu'à ce que tout à coup elle s'écrie hors d'elle-même : « Cruel ! Malheureuse ! Oh ! Cela va me ronger le cœur ! Et elle sanglotait à haute voix, pendant que je faisais de même en criant :

"Mais tu les aimes tous les deux ?"

"C'est ce que je fais, et c'est le problème même", interrompit-elle assez tristement. " Herdegen et Ann ! Eh bien, je ne sais lequel me tient le plus à cœur. Mais trouvez-moi dans tout Nuremberg un homme plus sage que votre grand-oncle. Mais en vérité, Vierge miséricordieuse, je ne sais pas où je serais, je ne sais pas. ….!"

Là-dessus, j'oubliai le respect qui lui était dû et ajoutai : « Vous ne savez pas ? Et tandis qu'elle ne répondait pas, je l'insultais en lui disant : « Et pourtant tu lui as donné le linge et la moitié des affaires de son ménage comme cadeau de Noël, comme s'ils étaient connus pour les mariés de tous. ville. Aussi vieux que vous soyez et aussi sage, pouvez-vous prendre plaisir à une union d'amour et même la hâter comme vous l'avez fait, et pourtant avoir le projet dans votre âme de l'empêcher enfin ? Et est-ce là la vérité et l'honnêteté de quoi tôt et tard tu m'as enseigné ? Est-ce là être droit et fidèle, ou ne pas plutôt parler en deux langues ?

Mon sang ardent m'avait encore joué un mauvais tour, et je me repentis en m'apercevant quelle grande douleur mes paroles violentes avaient causé dans la chère âme. Jamais je ne l'avais vue si faible et si douteuse, et en une minute j'étais dans ses bras et une troisième personne aurait pu s'étonner de nous entendre chacun implorer pardon, elle pour ses craintes timides, et moi pour mon inconvenance irruption. Mais à cette heure- là , je suis devenu son ami et j'ai cessé d'être son enfant et ses caresses.

Herdegen devait être prêt à partir avant la semaine de la Passion ; mais avant de quitter sa maison, il fit retentir toute la ville de ses louanges, car, alors qu'il ne s'était jusqu'alors illustré que dans l'école des armes, par la force et l'habileté de son bras, il surpassait désormais tous les autres dans la procession des masques. Bien que cette coutume soit encore maintenue jusqu'à nos jours, beaucoup ont peut-être oublié comment elle est née, bien que dans ma jeunesse elle ait été bien connue de la plupart des gens.

Il faut donc constater qu'au temps où les corporations étaient en révolte contre le conseil municipal, les couteliers et les charcutiers seuls restaient fidèles aux familles nobles, et alors qu'ils refusaient de prendre aucun gage pour leur fidélité, ce qui devait être les payant aux dépens du reste, ils ne réclamaient que le droit de faire un beau spectacle dans une danse et une procession au Carnaval ; et ils avaient par la même occasion le privilège, à cette époque, de porter des vêtements de velours et de soie, comme les gentils gens d'un degré noble et chevaleresque.

Or, cette danse et ses accessoires étaient connus au spectacle masqué, et comme l'aide de la classe dirigeante était nécessaire pour garder les rues dégagées pour la foule des artisans, et comme de même la dépense annuelle était au-dessus de leurs moyens, les fils des les grandes maisons se piquaient de payer de belles sommes pour avoir le droit de prendre place dans le cortège. Et quant à notre jeune seigneur plein d'entrain, aussi habile qu'il était avec son arme, il avait vu et pris part à de nombreux carnavals aussi gais parmi les Italiens, et c'était un plaisir pour lui de se joindre à un sport semblable chez lui. et beaucoup préféraient le regarder plutôt que les guildes.

Ils se rassemblèrent sous les murs en deux bandes, passèrent devant la mairie et de là se rendirent à une danse des deux corporations. Chacun avait sa propre danse. Les Fleshers étaient une danse comme on appelle en Angleterre une danse country et ils tenaient des lanières de cuir tordues pour ressembler à des saucisses ; la danse des couteliers était moins maladroite et ils portaient des épées nues.

Mais le spectacle qui enchantait le plus les assistants était la procession des masques, où il y avait en effet beaucoup de choses agréables et belles à voir.

Un groupe d'hommes en vêtements grossiers, appelés hommes des bois, portant des gerbes de branches de chêne avec des glands, et un certain nombre de momies en costume de fou, brandissant des chauves-souris en bois, ouvrirent la voie au cortège ; Vinrent d'abord les ménestrels, avec tambours, cornemuses, trompettes et cornemuses, et de joyeuses cloches sonnant en même temps. Vint ensuite un cheval avec des noix qu'il jeta parmi les enfants, ce qui eut lieu de joyeuses bagarres et de cris sur le sol. Aux fenêtres et aux balcons également, les rires et les cris n'avaient pas de fin ; les jeunes écuyers ne donnaient pas de repos aux servantes et aux dames qui étaient assises là, pour les fleurs et les friandises qu'ils leur jetaient, et les œufs remplis d'eau de rose.

Cette année, dont j'écris, beaucoup de gens dans le cortège portaient des vêtements de la même couleur et de la même forme ; mais parmi eux, il y en avait qui aimaient plaisanter et étaient vêtus comme des hommes et des femmes sauvages, ou comme des amoors noirs , des ogres qui mangent des enfants, des oiseaux d'autruche, etc. Enfin, la gloire principale du spectacle, divers grands bâtiments et appareils tirés par des chevaux : une nef des fous, et derrière elle un moulin à vent, et un leurre d'oiseleur dans lequel les fous, hommes et femmes, étaient capturés, et d'autres de tels passe-temps.

Mon Herdegen s'était mêlé à cette merveilleuse compagnie, habillé en chevalier croisé menant trois princes sarrasins captifs ; à savoir, les deux jeunes maîtres Loffelholz et Schlebitzer , qui l'avaient incité à s'habiller à l'école d'escrime, montés sur des chevaux, et entre eux mon écuyer Akusch sur le chameau du chef d'ours, tous vêtus de blanc comme un fils du désert ; et tous trois étaient enchaînés avec des chaînes en bois.

Mon grand-oncle avait prêté à Herdegen la cotte de mailles qu'il avait lui-même portée dans sa jeunesse lors d'un tournoi ;

La cousine Maud avait pourvu son manteau blanc d'une croix rouge, et alors qu'il montait un noble destrier noir, harnaché de mailles avec des coques écarlates, le cheval le plus beau et le plus robuste de l' Im Les écuries de Hoff et ses cheveux dorés brillant au soleil, de nombreuses servantes ne pouvaient le quitter des yeux.

Kunz, déguisé en imbécile, çà et là, et même partout à la fois, avait sans doute le meilleur jeu ; mais le cœur de Herdegen battait encore plus fort, car il entendait mille voix le proclamant le plus beau et sa troupe la plus princière de tous ; de nombreuses fenêtres tombaient sur lui une fleur, un ruban ou un nœud. Enfin, lorsque la danse fut terminée, les corporations et les joueurs de cornemuse les conduisirent au quartier du chef de la police, où ils furent servis à boire et mangèrent le repas de poisson du mardi gras, offert en leur honneur. Une fois le cortège passé, mon grand-oncle ordonna à Herdegen d'aller vers lui, et ce que le vieil homme dit et fit alors pour le pousser à renoncer à son amour était savamment planifié et non sans effet sur son esprit. Après l'avoir regardé de la tête aux pieds, sans rien dire mais avec une grande satisfaction, il lui tapa gentiment sur l'épaule et le conduisit, comme par hasard, jusqu'au miroir de Venise, dans la salle à manger. Puis désignant l'image devant lui : « Un Tancrède ! s'écria-t-il, "un Godfrey ! Richard Cœur de Lion ! Et la mariée une misérable fille de scribe !... une noble mariée !" Sur ce, Herdegen s'enflamma et commença à faire l'éloge de la beauté rare et choisie d'Ann ; mais son tuteur l'arrêta net, passa son bras autour de ses épaules et lui murmura à l'oreille que dans sa jeunesse aussi, les jeunes gens de noble naissance devaient certainement faire l'amour avec les belles filles des citoyens ordinaires, mais l'homme qui aurait pu pensé à courtiser l'un d'eux de bonne foi....

Ici, il s'interrompit avec un rire aigu et, attirant le garçon plus près de lui, il s'écria :

"Aucun mal n'est fait, mon Tancrède ! Et tu peux garder le cheval noir en souvenir de cette heure."

C'est le vieux Berthold, le domestique de mon oncle, qui m'a raconté tout cela ; Herdegen, en rentrant à la maison, ne répondit à aucune de mes questions. Il ne voulut pas exaucer ma prière de se montrer à Ann dans son harnais de chevalier, et me dit un peu brutalement qu'elle n'aimait pas tant de momies. Il n'était donc pas difficile de deviner ce qu'il avait en tête ; mais comment se fait-il que ce vieil homme, dont l'épouse princière avait ruiné sa paix et son bonheur, ait pu travailler avec tant de diligence pour entraîner celui qu'il aimait le plus sur terre dans une voie tout aussi mauvaise ? Et parmi tant de questions que je ne comprenais pas, il y avait encore celle-ci : pourquoi Eppelein , qui aimait si dévotement son maître et qui savait très bien apprécier la beauté d'une jeune fille, et pourquoi ma bonne Suzanne et la plupart de mes amis devraient-ils le faire ? nos serviteurs se sont-ils retournés avec tant de méchanceté contre Ann, envers laquelle ils se montraient autrefois courtois et serviables, depuis qu'ils avaient flairé des fiançailles entre elle et mon frère aîné ?

Dès le début, j'avais été mécontent de voir Herdegen si appliqué à ce jeu oiseux et passer tant d'heures loin de sa bien-aimée, alors qu'il allait si tôt nous quitter. Néanmoins je n'avais pas le cœur de le réprimander, d'autant plus que, dans bien des heures ennuyeuses, il avait tendance à croire que, pour l'amour de son amour, il devait se priver de divers plaisirs dont notre père avait été libre de jouir ; et je compris que je savais d'où venait cette pusillanimité qui ressemblait si peu à sa bonne humeur habituelle.

En regardant en arrière, un peu avant cette époque, je remarque d'abord qu'Ann n'avait pas été capable de cacher ses questions d'amour à sa mère. Même si la jeune et jolie veuve s'était solennellement engagée à ne rien dire à ce sujet, comme la plupart des femmes italiennes - et peut-être bien des Nurembergoises - elle ne pouvait s'empêcher de dire ce dont son cœur et son cerveau étaient pleins, estimant que cela grande chance pour son enfant et toute sa famille ; et elle avait partagé le secret avec tous ses amis les plus proches. Huit jours avant le mardi gras, la cousine Maud et nous, les trois Schoppers , avions reçu l'ordre de passer la soirée dans la maison au bord de la rivière, et dame Giovanna, toujours aussi généreuse, mais peu clairvoyante, avait également invité son beau-père. , le joueur de luth, et Adam Heyden de la tour, et la seule et unique tante d'Ann, la veuve de Rudel Hennelein .

Ce Hennelein avait été le maître des abeilles de la ville, le chef des apiculteurs qui, à l'époque comme aujourd'hui, exerçaient leurs activités dans le Lorenzer -Wald. Ses fonctions avaient été de tenir trois fois par an des assises pour les apiculteurs d'un village appelé Feucht et d'être à l'écoute de leurs plaintes ; et bien qu'il ait rempli sa fonction sans reproche, il avait vécu en conflit avec sa femme, et étant enclin aux émeutes, il préférait aller au cabaret plutôt que de s'asseoir à table avec sa femme contrariée.

Lorsqu'il mourut bientôt, il ne lui restait que peu de choses, et la veuve, dans la petite maison du marché au lait, dut regarder à deux fois chaque sou, bien qu'elle n'eût ni poussin ni enfant. Et tandis que la moitié des offrandes envoyées par les apiculteurs pour aider la veuve de leur maître étaient en miel, elle s'efforçait d'en tirer le meilleur parti, et pour cela elle ne le vendrait en aucun cas aux marchands qui offriraient mais elle l'emportait elle-même, une à la fois, dans de petits pots soignés, dans les maisons des gens riches, ce qui lui permettait de gagner beaucoup plus.

Alors que son mari avait été membre de la classe vénérable des magistrats, elle estimait qu'un tel commerce ne convenait pas à sa dignité ; et elle portait toujours un grand chapeau de fourrure aussi grand qu'une roue de charrette d'assez grande taille, et tous les autres accessoires d'une ménagère aisée, bien qu'en vérité un peu usés. Puis elle offrait son miel en cadeau aux mères d'enfants pour leurs chers petits ; elle ne pouvait pas non plus être incitée à fixer un prix pour son cadeau, dans la mesure où il n'était pas convenable que la veuve d'un maître des abeilles le fasse, alors que c'était tout à son honneur qu'une petite prime soit offerte en guise de récompense civile.

Son miel était assez bon, et les enfants étaient toujours heureux de la voir : d'autant plus qu'ils se moquaient d'elle dans son dos, d'autant que c'était un petit corps risible, qui avait l'art de répéter le dernier mot. mot de chaque phrase qu'elle prononçait. Ainsi elle ne dirait pas : « Ah ! voici Kunz », mais : « Voici Kunz Kunz ». D'ailleurs, elle tenait toujours sa tête entre ses deux mains, fermement, comme si, avec ce grand bonnet de fourrure, son cou maigre risquait de se briser.

Elle avait ainsi affaire à la plupart de nos familles nobles ; et les jeunes ne l'appelaient pas Hennelein , comme son nom l'était, mais Henneleinlein , pour plaisanter sur son truc stupide de répéter son dernier mot.

D'aussi loin que je me souvienne, Maîtresse Henneleinlein avait l'habitude d'apporter du miel à notre maison et avait reçu de la cousine Maud, outre de nombreuses pièces de monnaie brillantes, également divers vêtements usés mais utiles en guise de « souvenirs ». Et Herdegen, le premier d'entre nous, était prêt à se moquer d'elle ; mais il avait appris qu'elle était toujours indulgente envers les amants et qu'elle avait aidé de nombreux couples à se réunir.

La bonne nouvelle que sa nièce avait été choisie par le destin pour régner sur la maison des Schoppers l'avait remplie plus que tout autre de fierté et de contentement, et Dame Giovanna lui ayant confié ce secret et lui ayant ensuite invité à nous rencontrer, elle s'est collée si étroitement à Herdegen qu'Ann était remplie de dépit et de craintes. Je ne pus m'empêcher de remarquer que mon frère était très mécontent lorsque dame Henneleinlein lui tapota le bras ; et quand elle embrassa sa bien-aimée sur les lèvres, il se recroquevilla comme si quelqu'un avait mis la main sur son pourpoint de velours clair. Il avait toujours éprouvé une chaleureuse amitié pour le digne joueur de luth, qui était maître dans son art ; oui, et bien des fois il avait monté volontiers les escaliers de la tour pour voir le vieil organiste ; mais maintenant, être traité comme un jeune de leurs propres amis par ces deux bons hommes le répugnait ; car il se peut bien que beaucoup de ceux que nous sommes heureux de rechercher et de vraiment apprécier dans leur propre maison et au milieu de leur propre compagnie, semblent un autre homme lorsqu'ils prétendent vivre avec nous comme l'un des nôtres.

La cousine Maud n'avait pas choisi d'accepter l'offre de Dame Giovanna, peut-être pour le bien de mon grand-oncle ; elle échappa ainsi au dépit de voir Herdegen , lors de cette première nuit passée avec ses futurs parents, si silencieux et si maussade qu'il lui ressemblait à peine. Il pâlit et se mordit la lèvre inférieure, comme il ne le faisait jamais, sauf lorsqu'il maîtrisait son caractère avec beaucoup de peine, lorsque Maîtresse Henneleinlein , qui jusqu'alors ne l'avait connu que comme un jeune homme fougueux et qui interprétait maintenant sa réserve et son silence à sa manière, remarqua : mystérieusement, le Junker devrait emmener une famille nombreuse avec sa jeune épouse – même si, en effet, on espérait que le fardeau pourrait bientôt être allégé. Elle ajouta en effet, en jetant un regard méprisant à Maîtresse Giovanna, qu'une si jolie belle-mère aurait de nombreux prétendants, et qu'elle-même en avait un dans les yeux, si on l'amenait au point, qui fournirait abondamment, non. seulement pour la mère mais pour toute la couvée des petits.

C'est ce qu'il me répéta lui-même, et bien d'autres encore, pendant que nous rentrions chez nous, parlant avec une profonde colère et sur un ton de colère ; et ce que Dame Henneleinlein lui avait dit d'autre ne me déplaisait pas tant que lui causait des craintes bien fondées, dans la mesure où le vieux corps lui avait dit que l'homme qui voulait faire sa cour à Maîtresse Giovanna n'était autre qu'un homme. que le chaudronnier Ulman Pernhart , le père de la belle fille pour le bien de laquelle tante Jacoba avait banni son fils unique.

En vain j'ai fait en toute honnêteté l'éloge du chaudronnier ; Herdegen a fait la sourde oreille, tout comme mon oncle et ma tante. L'idée que sa femme devrait un jour être tenue d'honorer cet artisan, ne serait-ce que comme un beau-père, et qu'il s'entende appeler par lui « fils », était une idée trop judicieuse.

Le lendemain matin, les Junkers l'avaient emmené à l'école d'armes, puis à la taverne des messieurs pour prendre part à la mascarade ; et quand, plus tard, après que la foule s'était dispersée, Ann vint chez nous, son amant n'était pas chez lui : il était reparti pour les festivités à la taverne où il rencontrait des ouvriers tels que la future belle-mère de sa chérie. père.

Au même moment, à la tombée de la nuit, frère Ignatius, de l'ordre des Frères Gris, était venu plusieurs fois pérorer chez nous, par désir de mon grand-oncle dont il était l'aumônier, et lorsque Herdegen nous annonça sur Ash Mercredi, que le saint homme avait désiré pouvoir voyager avec sa compagnie jusqu'à Ingolstadt, je ne prévoyais aucune bonne issue ; car, même si le père était un très révérend prêtre, dont les propos vifs m'avaient fait plaisir à maintes reprises, il devait certainement avoir l'intention d'accélérer les souhaits de mon oncle.

Malgré tout, Herdegen était si profondément peiné en partant que j'ai chassé tous mes doutes et toutes mes craintes.

Ann, qui ressentait en toutes choses ce qu'il ressentait et lui faisait toute sa confiance, était assez sage pour savoir qu'il ne pouvait avoir aucun lien avec ses amis et sa famille ; bien plus, cela doit être dur pour lui de devoir appeler une femme telle que Maîtresse Henneleinlein sa tante. En outre , lui et elle étaient convenus que désormais il ne résiderait plus à Nuremberg, mais chercherait une charge et un devoir au service impérial ; et Sir Franz avait pris soin de demander la bonne parole de son oncle, celui-ci étant l'un des plus hauts dirigeants de la cour de l'empereur.

Or, peu de temps avant son départ, ils étaient seuls avec moi, Ann, se souvenant du pacte qu'ils avaient conclu, s'écria : « Tu me promets que nous construirons notre nid dans un endroit loin d'ici ; Puisse, partout où nous pouvons être livrés à nous-mêmes et n'avoir que les uns les autres, une vie heureuse doit nous attendre.

A cela, ses yeux brillèrent et il s'écria avec l'audace d'un garçon :

"Avec une capuche de médecin, à la cour de l'Empereur , je serai bientôt conseiller , et enfin, si Dieu le veut, Chancelier du Royaume !"

Après cela, ils échangèrent encore beaucoup de paroles affectueuses et touchantes, et alors qu'il était déjà en selle et lui fit un dernier adieu, des larmes coulèrent de ses yeux :

Je les ai vus avec certitude. — Et à ce moment-là, j'ai supplié le Seigneur qu'il préfère me châtier et m'éprouver avec douleur et chagrin, mais qu'il rapproche ces deux-là et que leur mariage soit couronné par le plus grand bonheur jamais accordé aux cœurs humains.

CHAPITRE XIII.

Le printemps était passé et, une fois de plus, l'été nous a ramenés, Ann et moi, dans la forêt verte. La maladie de tante Jacoba n'était en rien améliorée, et le bannissement de son fils unique et séduisant lui rongeait le cœur ; mais plus elle avait besoin de soins et d'encouragements, plus Ann pouvait faire pour elle et plus elle devenait chère au cœur de la malade.

Kunz était toujours à Venise. Herdegen écrivait d'abord de Padoue de vraies lettres d'amour, mais ensuite elles arrivaient moins souvent, et la dernière qu'Ann ait jamais eu à me montrer n'était qu'une simple feinte qui me plaisait vraiment mal, dans la mesure où, même si elle était pleine de grands mots, elle était vide. des nouvelles de sa vie ou du désir de son cœur. Ce que tout cela devait signifier, Ann, avec son sens clair et son véritable amour, ne pouvait manquer de voir ; néanmoins elle ne cessa de bâtir sur la vérité de son amant ; ou, si elle ne le faisait pas, elle le cachait au monde entier, même à moi.

Nous sommes sortis de la forêt plus tôt que d'habitude, le jour de la Saint-Maurice, car Ann ne pouvait plus être épargnée et, plus que jamais, je ne supportais pas de la laisser seule.

L'oncle Christian est allé en ville avec nous, et s'il l'avait bien aimé auparavant, au cours de cette dernière longue période de notre vie commune, il l'avait prise encore plus dans son cœur. Et maintenant, alors qu'il lui avait donné le droit de le mettre en garde contre un excès de vin, il fut obligé de l'appeler sa petite sentinelle, parce que c'est le rôle du gardien de prévenir de l'arrivée de l'ennemi.

Mais même si Ann était vraiment aimée au Forest Lodge, à son retour chez elle, elle ne trouva pas d'accueil agréable. En son absence, le chaudronnier Pernhart avait fait la cour à sa mère avec sérieux, et la fille aînée, n'étant pas là, avait si bien couru que la veuve avait cédé. Ann osa un jour implorer sa mère, avec le respect qui lui est dû, de renoncer à son projet, mais elle tomba au cou de son enfant, comme si Ann était la mère, la suppliant, avec beaucoup de larmes, de lui laisser faire son testament. Il est certain qu'Ann ne resterait pas longtemps sous son toit pour chérir les plus jeunes enfants, et il n'était pas en son pouvoir, en tant que mère, de les guider dans la voie que leur père voulait qu'ils marchent. Pour cela, Ulman Pernhart était l'homme le plus apte. Son défunt mari avait été un camarade de classe de son prétendant et de son frère, le très révérend Lord Bishop, et il avait eu une haute estime pour Maître Ulman. Cela lui a donné la force de suivre les inspirations de son cœur. De cette façon, la mère essayait d'amener son enfant à regarder avec faveur le désir de son cœur italien enflammé, tantôt honteux et câlin, et tantôt les larmes aux yeux ; et bien que la veuve ait plus de trente-cinq ans et son prétendant près de cinquante ans, aucun homme, voyant les deux hommes ensemble, n'aurait joué de leur amour. La dame de Venise avait si peu perdu de sa beauté et de ses charmes juvéniles que c'était en vérité une merveille ; et quant à Maître Pernhart , il n'était pas un homme à négliger, même parmi tant d'autres.

Tel qu'il était à cette époque, on pouvait le prendre pour le modèle même d'un maître-artisan allemand vaillant et intègre ; bien plus, le harnais de mailles d'un chevalier ne lui aurait pas non plus convené. Ou jamais il avait pensé à faire la cour à Maîtresse Giovanna. J'avais entendu le maître prébendaire von Hellfeld parler de Pernhart comme d'un bon garçon, dont la ville pouvait être fière ; puis il parla également du frère de maître Ulman, devenu serviteur de la sainte Église, et élevé encore jeune à la dignité d'évêque.

Lorsque le grand schisme eut connu une fin heureuse et qu'un seul chef, au lieu de trois, gouverna l'Église, le pape Martin V l'avait choisi pour siéger dans son conseil et l'avait retenu à Rome, où il était l'une des puissances de l'Église. Curie.

Bien que son bon nom allemand de Pernhart ait maintenant été changé en Bernardi , il n'avait pas cessé d'aimer sa ville natale et ses propres parents, et avait si largement ajouté à la richesse et à l'aisance de sa propre mère et de son frère unique que le chaudronnier avait été remplacé par Bernardi. capable de se construire une habitation peu en retrait de celles des nobles citoyens. Il avait été abandonné dans sa grande maison ces derniers temps, mais aucune raison de ce genre n'était nécessaire pour le pousser à jeter les yeux sur la belle veuve du meilleur ami de son très révérend frère.

Pendant qu'Ann était absente dans la forêt, Maîtresse Giovanna avait révélé à Pernhart le secret des fiançailles de sa fille avec Herdegen , et dès que la jeune servante était de retour à la maison , il lui en avait parlé, lui racontant, en quelques mots chaleureux. , qu'elle serait toujours la bienvenue dans sa maison et qu'elle y remplacerait sa Gertrude perdue ; mais que si elle voulait épouser un honnête homme, il se ferait un devoir de lui fournir son habillement.

Ces choses, et bien d'autres encore, m'inclinaient en sa faveur, même si je désirais qu'il épouse la veuve, pour l'amour d'Herdegen ; et quand je l'ai rencontré pour la première fois en tant que fiancé de la mère d'Ann, et que le grand homme m'a serré la main avec une chaleureuse gentillesse, puis m'a remercié avec chaleur et simplicité pour tout ce que j'avais fait pour elle qui serait désormais sa plus chère et la plus précieuse. trésor, je lui rendis la chaleureuse étreinte de sa main en toute honnêteté, et c'est du fond du cœur que je lui répondis, lui disant que je le saluais volontiers comme un nouvel ami, même si je ne pouvais pas espérer la même chose de mon frère. .

Il entendit cela avec un sourire étrange, à moitié triste, mais, me semblait-il , à moitié fier ; puis il tendit sa main cornée et travaillée, et dit que, bien sûr, c'était une paire mal assortie quand une main comme celle-là en serrait une douce et blanche comme celle qui pourrait sortir d'une manche de velours ; que tandis que, pour gagner la femme qu'il aimait, il avait pris par-dessus le marché sa tribu d'enfants, et était bien résolu à en tirer beaucoup de joie et à être pour eux un véritable père, monseigneur frère, si son amour n'était pas moindre. il est vrai qu'il devait tirer le meilleur parti de son beau-père, dont l'honneur, bien qu'il ne fût que de simple naissance, était aussi pur que celui d'un autre homme aux yeux de Dieu.

Et pendant que nous parlions, j'ai découvert qu'il y avait dans son cerveau et dans son cœur une matière plus importante et plus noble que je n'avais jamais imaginé trouver chez un artisan. Nous nous sommes souvent rencontrés et avons appris à bien nous connaître, et un jour je lui ai demandé s'il avait vraiment pardonné au Junker par qui il avait perdu celui qu'il aimait le plus.

Il répondit immédiatement que je ne devais pas rejeter la faute sur quelqu'un dont il se souviendrait toujours comme d'un jeune homme courageux et sincère, dans la mesure où ce n'était pas mon cousin, mais lui-même qui avait mis fin aux amours entre Gotz . et Gertrude. C'est après la rupture entre Gotz et ses parents qu'il avait été le plus difficile de faire la sourde oreille aux prières de l'amant dévoué et de son propre enfant. Mais, à travers tout cela, il avait gardé à l'esprit la doctrine selon laquelle son père avait toujours gouverné son départ, à savoir de ne pas causer à notre prochain un chagrin tel qu'il nous ferait mal au cœur. Il s'examina donc sur ce qu'il ressentirait à l'égard de celui qui obligerait son enfant à épouser contre son gré un prétendant qui ne lui plaisait pas ; et tandis que sa propre dignité d'homme et son souci du bien-être de sa fille lui interdisaient de la donner en mariage à un jeune homme dont les parents la recevraient avec mépris et rancune, plutôt qu'avec amour et bonté, il avait finalement décidé son cœur se serra contre le jeune Waldstromer , qu'il avait aimé comme son propre fils, et le força à s'éloigner de sa bien-aimée. Au fond de moi, j'étais étrangement en colère contre mon cousin de ce qu'il n'avait pas tout mis en jeu pour gagner une si belle jeune fille ; bien plus, et j'eus l'audace d'avouer qu'à la place de Gertrude j'aurais dû poursuivre mon amant partout où il voulait, même contre la volonté de mon père.

Et de nouveau ce sourire fier apparut sur les lèvres barbus d'Ulman Pernhart , et ses yeux brillèrent de feu lorsqu'il dit : "Ma vie se déroule dans un cercle étroit, mais tous ceux qui y habitent se plient à ma volonté comme le cuivre se plie sous mon marteau. Si vous pensez que le Junker ait cédé sans lutte, vous vous trompez grandement ; après que je lui ai interdit la maison, il avait tenté Gertrude de se retourner contre moi et était prêt à l'enlever ; bien plus, et le croiriez-vous, ma propre mère s'est rangée du côté de moi. les jeunes. Le prêtre même était prêt à les marier en secret, et ils auraient eu gain de cause malgré moi. Mais les yeux de la jalousie sont toujours les plus aiguisés : mon principal apprenti, qui était follement amoureux de la servante, " J'ai trahi le complot, et puis, Maîtresse Margery, des choses ont été dites et faites - des choses sur lesquelles je ferais mieux de garder le silence. Et si vous avez envie de les connaître, vous pouvez demander à ma mère. Vous verrez un jour, si vous ne le faites pas. dédaignez d'entrer dans ma maison et si vous gagnez son amitié - et je ne doute pas que vous y parviendrez, même si cela n'est pas accordé à tout le monde - elle sera assez heureuse de se plaindre de mes relations dans cette affaire - les miennes, celles de son propre fils , bien que sur d'autres points, elle a tendance à louer trop bruyamment mes vertus.

Ce discours releva mon cousin à son ancienne place à mon avis, et je savais maintenant que le regard honnête de ses yeux bleus, qui avait sans doute gagné le cœur de la belle Gertrude, était digne de confiance et vrai.

Maître Ulman Pernhart s'est marié en toute sobriété avec la belle Maîtresse Giovanna, et je me souviens encore de les avoir vus se marier dans l'église Saint-Laurent. C'était quelques mois auparavant que j'avais été emmené pour la première fois à un bal à la mairie. Là, aussitôt que j'avais oublié mes premières petites craintes, je prenais tout mon plaisir au son de la musique, et je me réjouissais vraiment de la danse. Mais même si je ne manquais pas de jeunes dames mes amies, et encore moins de jeunes gens désireux de gagner ma faveur, je ne perdais néanmoins pas le sentiment d'avoir laissé une partie de mon être même à la maison ; bien plus, que j'avais à peine droit à ces joies, puisque mes frères étaient dans un pays lointain et qu'Ann ne pouvait pas les partager avec moi, et pendant que je prenais mon plaisir, elle en avait le cœur brisé.

Puis il y eut une deuxième danse, puis une troisième et une quatrième ; et à la maison vint toute une troupe de jeunes gens dans leurs plus beaux atours pour demander à la cousine Maud, chacun à sa manière, la permission de me faire la cour ; mais bien qu'ils fussent tous de bonne famille, et que pour beaucoup d'entre eux je n'éprouvais aucune antipathie, je ne ressentais rien du tout comme l'amour tel que je l'imaginais, et je n'aurais rien à dire à aucun d'eux. Et tout cela, je le prenais avec légèreté, ce que la cousine Maud m'a maintes fois reproché , et avec raison.

Mais à cette époque, et encore plus au fil des mois, je connaissais à peine mon propre esprit ; un autre sort que le mien pesait le plus sur mon âme ; et je pensais si peu à ma propre valeur qu'il me semblait que cela ne pouvait ajouter au bonheur d'aucun homme de m'appeler sien. Tout le reste de la vie passait devant mes yeux comme une ombre ; Un moment vint où toute joie me disparut, et mes prétendants me cherchèrent en vain dans la salle de danse, car un grand et lourd chagrin m'arriva.

Tout était fini — même maintenant, je peux à peine supporter d'écrire ces mots — entre Ann et Herdegen ; et ce n'est pas sa faute, mais seulement et entièrement à cause de son péché grand et impardonnable.

Mais je vais écrire dans l'ordre comment cela s'est produit. Dès la Saint-Martin, j'appris par la cousine Maud — et mon grand-oncle le lui avait dit — qu'Herdegen avait quitté Padoue et qu'il avait l'intention de prendre le grade de docteur à Paris où le grand génie du fameux Gerson entraînait la jeunesse studieuse. de toutes les terres; et sa raison était qu'une bagarre sanglante avait rendu le sol de l'Italie trop chaud pour ses pieds. "Ces nouvelles auguraient du mal, d'autant plus que ni nous ni Ann n'avions un mot de Herdegen de sa propre main pour nous dire qu'il avait quitté le pays et son école. Alors, dans ma peur et mon chagrin, je ne pus m'empêcher d'aller à mon grand-oncle, mais il n'avait rien à dire ni à moi ni à ma cousine Maud, ou bien il nous rebutait avec des réponses impatientes ou des paroles vides de sens qui ne voulaient rien dire. Nous avons donc vécu dans l'effroi et le chagrin, jusqu'à ce qu'enfin, quelques quelques jours avant le mariage de Pernhart , une lettre m'est parvenue d' Eppelein , et je l'ai maintenant devant moi, parmi d'autres papiers tous jaunis.

"De la part de votre très dévoué et obéissant serviteur Eppelein Gockel à dame Margery Schopper ", était la suscription. Et il s'excusa en disant qu'il ne connaissait pas l'art d'écrire et qu'il avait demandé le service du magister du jeune comte von Solms .

"Et dans la mesure où j'avais autrefois promis ma parole d'homme à l'illustre et vénérable Maîtresse Margery, sous ses soins fraternels, que je lui écrirais si nous avions à tout moment besoin de la faveur de ses conseils et de son aide, je le ferais avant maintenant. nous aurions imploré l'aide du Magistère si la Vierge toute miséricordieuse ne nous avait pas secourus en temps voulu.

"Néanmoins, mon cœur a été ému de vous écrire, gracieuse et vénérable maîtresse Margery, dans la mesure où je pensais que vous seriez dans le chagrin et que vous désiriez avoir des nouvelles de mon gracieux maître; car il y a longtemps que j'ai donné sa dernière lettre pour le Schopperhof est responsable du coureur de poste allemand ; et il me semble que mon gracieux maître a aimé consacrer son temps précieux à l'étude et à d'autres passe-temps plutôt qu'à ceux qui, étant son plus proche parent, sont toujours prêts et disposés à être patients. avec lui ; comme en effet ils pourraient s'ils le voulaient s'enquérir auprès de monseigneur le chevalier Sebald Je suis Hoff quant à son bien-être. Mon gracieux maître lui fit savoir par de longues lettres combien les choses allaient vite chez lui, et lui raconta avec certitude que le vieux marquis et ses neveux, coquins malveillants, en étaient venus aux mains avec nous à Padoue, à cause de la jeunesse et de la jeunesse du vieux marquis. belle dame, qui tenait si cher à mon gracieux maître que tout Padoue en parlait.

" Néanmoins , c'était une mauvaise affaire, dans la mesure où trois d'entre eux sont tombés sur nous dans l'obscurité de la nuit ; et si les saints miséricordieux ne nous avaient pas protégés de leur grâce particulière, un sang plus noble et plus honorable aurait été versé que celui de ces coquins. Nous aussi Je suis venu à Paris de bon cœur, sain et sauf de corps, et c'est une ville où la vie est bien plus agréable qu'à Nuremberg.

"Alors que je savais très bien que vous, très illustre Maîtresse Margery, avez toujours accordé votre gracieuse amitié à Maîtresse Ann Spiesz - et en effet, je la tiens moi-même dans le plus grand respect, comme une dame riche de toutes les vertus - je la supplie de éloignez de son cœur toute pensée concernant mon gracieux maître le plus tôt possible, et ne vous efforcez plus de tenir sa promesse, car cela ne peut servir à rien. Mieux vaut qu'elle cherche un autre prétendant plus honnête dans ses intentions. , afin qu'elle ne gâche pas entièrement ses jours de jeune fille - ce que la douce sainte Katharine interdit ! Pourtant, très vénérable Maîtresse Margery, je vous supplie avec la soumission qui vous est due de ne pas prendre cela mal chez votre frère bien-aimé, ni de lui retirer aucune part de votre précieux amour, alors que mon gracieux maître peut à juste titre espérer plus haut pour sa future épouse. Et quant à ses actions maintenant dans son état de célibat, notre dicton est vrai : Tel maître, tel homme. Et tandis que moi, qui ne suis qu'un pauvre et simple serviteur, je n'ai jamais eu envie de mettre mon cœur sur une seule servante, il n'en faut pas moins en attendre chez mon gracieux maître, qui est riche et de noble naissance.

Cette épître m'aurait certainement fait rire à tout autre moment, mais, dans l'état actuel des choses, le sujet et la manière dont le petit valet a osé écrire ainsi à propos d'Ann m'ont rendu furieux. Et pourtant c'était un brave garçon et d'une rare fidélité à son maître ; car lorsque le neveu du marquis était tombé sur Herdegen , il avait arraché l'épée des mains du jeune noble au péril de sa propre vie et avait ensuite modestement gardé le silence sur cet acte courageux. Il était, en vérité, difficile de ne pas trahir l'arrivée de cette lettre, même par un regard ; pourtant je l'ai caché; mais quand une autre lettre fut apportée, peu de temps après, tous les soins et tous les secrets furent vains.

Oh! cette horrible lettre. Je ne pouvais pas le cacher ; mais j'ai laissé passer le mariage de sa mère avant d'avouer à Ann ce que mon frère m'avait écrit.

Cette lettre cruelle se trouve devant moi maintenant. C'est plus long que tout ce qu'il m'avait écrit jusqu'à présent, et je l'écrirai ici avec équité, car en effet je ne pourrais pas, et je voudrais, copier l'écriture, aussi sauvage et imprudente soit-elle.

"Tout doit être terminé, Margery, entre Ann et moi" - et ces premiers mots m'ont piqué comme un coup de fouet. "Voilà. C'est écrit, et maintenant vous le savez. Je n'ai jamais été digne d'elle, car j'ai vendu l'amour de mon cœur pour de l'argent, comme Judas a vendu le Seigneur.

"Non pas que mon amour ou mon désir soient morts. Même pendant que j'écris, je me sens attiré vers elle; mille voix me crient qu'il n'y a qu'une Ann, et quand, il y a quelques semaines, le jeune sieur de Blonay a eu l'audace de se vanter de sa dame et de sa rose rouge comme au-dessus de toutes les autres dames et couleurs, mon épée l'a contraint à céder la place d'honneur au bleu, pour lequel vous savez bien.

"Et néanmoins je dois l'abandonner. Bien que j'aie fui devant la tentation, elle m'a poursuivi, et quand elle est tombée sur moi, après une courte bataille, j'ai été abattu. L'envie de ces joies du monde qu'elle essayait de m'apprendre à le mépris est fort en moi. Je suis né pour le péché, et maintenant, dans l'état actuel des choses, ils doivent rester. Un être tel que moi, qui traverse la vie comme un faucon sauvage, ne peut s'arrêter ni réfléchir jusqu'à ce qu'un trait lui brise les ailes. Le sort amer qui m'oblige à me séparer d'Ann m'a frappé ainsi, et maintenant je ne peux que regarder en arrière et dans ma propre âme ; et plus elle est belle, plus douce, plus haute est celle que j'ai perdue, plus sombre et plus vile , me semble-t-il . , c'est tout ce que je découvre en moi.

"Pourtant, même si je rejette derrière moi tout ce qui était pur et noble, juste et véritablement heureux, je tends le miroir à mon propre visage pécheur et j'apporterai moi-même pour vous montrer, ma Margery, le visage hideux que je vois. la bride.

" Je ne m'enfermerai ni ne m'épargnerai en quoi que ce soit ; et pourtant, à cette heure, qui me trouve sobre et à la maison, ayant quitté mes camarades de bonne heure cette nuit, je crois vraiment que j'aurais pu faire bien et non pas mal, et quoi. était agréable aux yeux de Dieu, et aux vôtres, ma Margery, et aux yeux d'Ann et de tous les justes, si seulement une autre main avait eu la direction de la barque de ma vie.

" Margery, nous sommes orphelins ; et il n'y a rien dont un homme ait tant besoin, dans les années où il n'est pas encore mûr et incertain de lui-même, qu'un maître qu'il doit vénérer avec crainte ou avec amour. Et nous... Je... Margery, qu'est-ce que mon grand-oncle était pour moi ?

"Vous et moi sommes encore du même sang et si proches en âge que, même si l'un peut conseiller l'autre, il est difficile d'espérer que je prendrai votre jugement, ou vous le mien, sans hésitation.

" Alors cousine Maud ! Avec tout l'amour maternel qu'elle nous a toujours témoigné, tout ce que j'ai fait était bien à ses yeux ; et c'est sans doute là que réside la différence entre une vraie mère, qui nous a mis au monde avec du travail, et une nourrice aimante... mère, qui craint de nous détourner d'elle par la dureté ; mais la vraie mère punit ses enfants là où elle le juge bon, dans la mesure où elle est sûre de leur amour. L'amour de ma cousine était grand certes, mais sa sévérité envers moi était trop petite. Par pur amour, quand j'allais au lycée, elle remplissait mon sac à main ; puis, à mesure que je grandissais, notre oncle faisait de même, mais pour d'autres raisons ; et maintenant que j'ai renoncé à Ann, pour faire son plaisir, je Je me déteste de plus en plus, depuis que je suis élevé à une telle fortune que des milliers de personnes peuvent m'envier, dans la mesure où mon grand-oncle a l'intention de faire de moi son héritier par une forme de loi. Hier soir, quand je suis rentré à la maison avec de gros gains provenant du jeu dans mon poche, j'étais sur le point de mettre fin aux malheurs de cette vie....

"Mais n'ayez crainte, Margery. Un cœur léger ramènera bientôt au sommet ce que la vérité, à cette heure, porte dans les profondeurs. A quoi sert d'attendre ? Suis-je donc le premier Junker qui a fait l'amour avec une douce une fille de basse naissance, pour ensuite l'oublier au profit d'une nouvelle amoureuse ?

"En vérité, Margery, mon confesseur, à qui - quoique avec d'amères douleurs - j'ouvre tous les replis de mon cœur - oui, Margery, si le berceau d'Ann avait été orné d'armoiries, les choses en seraient autrement. Mais pour appelez un beau-père chaudronnier et la petite Henneleinlein Madame Tante ! À l'église, pour saluer du haut des vieux sièges des Schoppers tous ces gens ordinaires comme mes plus proches parents, pour rencontrer le joueur de luth parmi mes propres gens, enseigner la musique aux garçons et aux servantes, et le saluer comme un cher grand-père, voir mes frères et mes belles-sœurs occupés dans les bureaux ou dans les ateliers, tout cela, dis-je, est amer au goût ; et encore plus quand le tentateur de l'autre côté montre au jeune gentleman criard les joies mêmes les plus chères à son esprit courtois. Et avec quelle éloquence et quelle bonne humeur le père Ignace a-t-il présenté tout cela sous mes yeux ici à Paris, sans doute avec une intention honnête ; et il a parlé à mon cœur sobrement et à l'édification, exposant tout ce que les préceptes du Seigneur et de ma vieille et noble famille exigeaient de moi.

" Bien moins que tout cela aurait pu vaincre un être aussi faible que moi. J'ai promis au père Ignatius d'abandonner Ann et, à mon retour, de me soumettre en toutes choses à mon oncle et de me mettre d'accord avec lui sur ce qui se passerait. chacun devait céder et renoncer à l'autre, comme s'il s'agissait de marchandises en épices du Levant ou en foulards de soie de Florence, et alors le saint frère me donna sa bénédiction, comme si mon salut était désormais assuré dans ce monde. et la prochaine.

"Je suis allé avec lui jusqu'à la porte, ferme dans la conviction que j'avais lancé le numéro gagnant dans le jeu de la vie; mais à peine avais-je ramené mon cheval vers la maison que je pensais que j'avais chassé de moi toute la paix et la joie de mon âme.

"C'est fait. J'ai renié Ann - je l'ai abandonnée pour toujours - et alors qu'elle doit un jour l'entendre, que cela soit fait immédiatement. Toi, ma pauvre Margery, je fais mon messager. J'ai essayé, en vérité, d'écrire à Ann, mais cela ne suffirait pas. Une chose que vous devez dire, c'est que, même lorsque j'ai le plus péché contre elle, je ne l'ai jamais oubliée; bien plus, que le souvenir de ce moment heureux où elle voulait appeler elle-même, ma Laura m'a poussé à aller à Trévise, où, dans la chapelle des frères franciscains, on peut voir une tête de la vraie Laura réalisée par le limner Simone di Martino, l'ami de Petrarca , une œuvre d'art très digne. Il me semblait qu'elle m'attirait à elle avec sa voix et ses signes. Et pourtant, et pourtant... malheur, malheur à moi !

"Ma plume s'est reposée longtemps, car il me semblait avoir vu d'abord la dame de Pétrarque avec ses tresses blondes, puis Ann avec ses cheveux noirs, qui brillaient de vagues si brillantes et si douces, et reposaient si noblement sur le front blanc comme neige. les yeux et la mine sont en vérité ceux de Laura ; à la fois purs et élevés. Mais ici mon cœur déborde ; il ne peut oublier à quel point Ann dépasse Laura dans la grâce d'une douce femme.

"Le jour se lève et je ne peux que soupirer vers le matin : 'Perdu, perdu ! J'ai perdu le plus beau et le meilleur !'

"Puis je restai assis longtemps, plongé dans mes pensées, regardant par la fenêtre, à travers les cimes nues des arbres du jardin, la brume grise qui semble ne s'arrêter qu'au bout du monde. Elle coule des branches sans feuilles, et mes yeux - je n'ai pas besoin de le cacher - ne resteront pas secs. C'est comme si les feuilles de l' arbre de ma vie étaient toutes tombées sur le sol, ou plutôt, comme si ma propre main coupable les avait arrachées de la tige. "

"Je viens de rentrer d'une bonne et joyeuse compagnie ! C'est en vérité une mode miséricordieuse qui transforme la nuit en jour. Oui, Margery, pour celle dont le premier désir est d'oublier bien des choses, ce Paris est un lieu de délices. J'ai bu à fond la coupe de vin, mais je traiterais de méchant tout homme qui dirait que je suis ivre. Ne puis-je pas écrire aussi bien qu'un autre, et je sais que si je me vendais, ce ne serait pas bon marché. Cela m'a coûté mon amour, et alors que c'était grand, le vide est grand à combler. C'est pourquoi je dis : " Apportez ici tout ce qui donne la joie, le vin et l'amour, les torches et la femme étourdie en velours et en soie, les dés et le jeu. " , et des manèges fous, du bois vert frais et des bagarres sanglantes ! » N'est-ce rien, est-ce même une chose insignifiante ?

"Comment, en fin de compte, répondrons-nous à la question de savoir quel est le meilleur sort : l'amour céleste, planant sur les ailes d'un cygne blanc bien au-dessus de tout ce qui est poussière commune, comme Ann avait l'habitude de le chanter, ou l'amour terrestre ? des joies audacieuses et libres, que l'on ne peut connaître que les deux pieds sur la motte ?

" J'ai fait un choix et je ne pourrai jamais revenir en arrière. Longue vie à chaque plaisir, appelez-le par quel nom vous voulez ! Vous avez un frère joyeux, riche et magnifique, la petite Margery ; et bien que le simple garçon d'autrefois, qui a choisi de épouse, fille d'un pauvre clerc, peut-être vous était-elle plus chère, comme il l'était à mon propre cœur, mais aimez-le toujours ! Vous êtes toujours sûr de son amour ; souvenez-vous de lui dans vos prières ; et quant à cela, vous devez dire à Ann, dis-le de telle manière qu'elle n'y prenne pas trop à cœur. Montre-lui combien ton frère est indigne d'elle, bien que dans ton âme secrète tu saches que mon saint gardien n'a jamais eu et n'aura jamais , n'importe quel autre visage que le sien.

"Maintenant je vais m'empresser de sceller cette lettre et de réveiller Eppelein pour qu'il la remette au post-cavalier. Je suis las de déchirer bien des feuilles de papier, mais si je lisais en toute sobriété ce que j'ai écrit à moitié ivre , cette lettre suivrait certainement le chemin de beaucoup d'autres que j'ai écrites par moi pour vous et pour mon bien-aimé, fidèle, unique amour, ma perdue Ann.

CHAPITRE XIV.

Maître Pernhart s'est marié mardi après le dimanche des Rameaux. Ann avait l'habitude de venir chez nous tôt le mercredi matin, et c'était toujours une rencontre heureuse à laquelle nous donnions le nom de « l'heure du filage italien », parce que l'une de nous tournait son volant et tirait le fil. , tandis que l'autre lisait à haute voix les œuvres des grands poètes italiens.

Ann n'a pas non plus manqué de venir ce mercredi après le mariage ; mais j'avais enfoncé la lettre d'Herdegen dans le sein de mon corsage et je l'attendais le cœur tremblant.

Son esprit était lourd ; Je pouvais voir dans ses yeux qu'ils avaient versé des larmes, et à ma première question ils se remplirent à nouveau. N'avait-elle pas vu ce matin sa mère rayonnante de bonheur, puis s'être souvenue, avec de nouveaux pincements au cœur, du père qu'elle avait perdu il y a à peine un an et dont l'image semblait s'être évanouie de l'esprit de l'épouse qu'il avait tant aimée ? .

Quand je lui dis que je comprenais bien sa douleur, mais que j'avais autre chose à lui présenter qui pourrait lui causer un chagrin plus cruel encore, elle comprit que cela devait être tout aussi touchant Herdegen ; et tandis qu'avant de parler , je ne pouvais que la serrer contre moi et ne pouvoir prononcer un seul mot, elle m'écarta d'elle et s'écria : « Herdegen ? Parle ! Un malheur lui est arrivé ! Margery, Vierge miséricordieuse ! Comme vous sanglotez !— Mort, est-il mort ?

Tandis qu'elle prononçait ces mots, ses joues pâlirent et, lorsque je secouai la tête, elle me saisit la main et me demanda tristement : « Pire ? Alors il a encore trahi la foi ?

Il me semblait que je ne pourrais plus jamais parler ; et pourtant je ne pouvais pas garder le silence, et les mots jaillirent de mon cœur éclatant : « Ah, pire et bien pire ; plus étrange, plus terrible ! Je l'ai ici, dans sa main. — Désormais — mon oncle, son riche héritage... " Tout est fini, Ann, entre lui et toi. Et je... oh, qu'il aurait dû me laisser le soin de le dire ! "

Elle se tenait devant moi, comme clouée au sol, et il lui fallut un certain temps avant de trouver un mot. Puis elle dit d'une voix sourde : « Où est la lettre ?

Je l'arrachai du pan de ma robe et j'étais sur le point de la déchirer en me dirigeant vers l'âtre, mais elle se mit en travers de mon chemin, m'arracha violemment la lettre et s'écria : « Alors, si tout est fini, je sera en tout cas clair à ce sujet. Pas de faux réconfort, pas de dissimulation de la vérité !

Et elle s'efforçait de m'arracher la lettre de Herdegen . Mais ma force était plus grande que la sienne, et même très grande pour une servante ; pourtant mon cœur me disait que dans son cas ma volonté aurait été la même, alors je n'ai plus résisté et j'ai rendu la lettre. Sur-le-champ, elle l'a lu ; et bien qu'elle fût pâle comme la mort et que je remarquais à quel point ses lèvres et tous les nerfs de son corps tremblaient, ses yeux étaient secs, et quand elle plia bientôt la lettre et me la tendit, elle dit avec un léger mépris qui me coupa : le cœur : « Voilà donc où en sont les choses ! Il a vendu son amour et sa bien-aimée ! Seul son visage, semble-t-il, n'est pas en jeu parce qu'il le garde pour voler sa sainteté à sa sainte ! , il est libre, et les joies sauvages de la vie sous toutes ses formes doivent compenser l'amour ; et pourtant... et pourtant, Margery, prie pour qu'il ne finisse pas misérablement !"

Une douce pitié avait résonné dans ces derniers mots, et je lui pris la main et la suppliai sincèrement : « Et toi, Ann. Priez-vous avec moi. Mais elle secoua la tête et répondit : « Non, Margery ; tout est fini entre lui et moi, même les pensées et les désirs. Je ne le connais plus – et maintenant laisse-moi partir. Sur ce, elle enfila son petit manteau et était déjà près de la porte lorsque la cousine Maud entra avec quelques friandises, comme elle avait toujours l'habitude de le faire lorsque nous étions ainsi assis à filer ; et aussitôt qu'elle eut déposé ce qu'elle portait, elle ouvrit les bras à la servante paria, pour la serrer contre son sein et la réconforter par de bonnes paroles ; mais Ann se contenta de lui prendre la main, la pressa contre ses lèvres et disparut dans les escaliers.

Au dîner de ce matin-là, les plats auraient été emportés aussi pleins qu'ils avaient été apportés, si maître Peter n'avait pas fait de son mieux pour l'empêcher ; et dès que le repas fut terminé , je ne pus plus me supporter dans la maison, mais je partis directement chez les Pernhart .

Là, l'air semblait plus chaud et plus léger, et Maîtresse Giovanna m'accueillit avec joie dans sa nouvelle maison ; mais elle ne permettait pas que j'aille dans la chambre d'Ann, car elle avait un terrible mal de tête et avait prié pour ne voir personne, pas même moi. Pourtant, je me sentais fortement attiré par elle, et comme la nouvelle épouse savait qu'elle et moi ne faisions qu'un, elle ne m'a pas interdit de monter à l'étage, où Pernhart avait rendu la chambre de Gertrude morte toute propre et fraîche pour Ann. Or, alors que je savais que lorsqu'elle avait mal à la tête, tout bruit lui faisait mal, je montai les marches avec beaucoup de précautions et j'ouvris doucement la porte sans frapper. De plus, elle n'était pas au courant de ma venue. J'aurais volontiers disparu sans être vu ; ou plutôt je me serais agenouillé à ses côtés pour lui demander pardon pour le tort amer que mon frère lui avait fait. Elle était allongée sur le lit, le visage caché dans les oreillers, et son corps mince tremblait comme dans une crise de fièvre, tandis qu'elle sanglotait doucement mais amèrement. Elle n'a pas non plus remarqué ma présence là-bas jusqu'à ce que je tombe à genoux près du lit et que je passe mes bras autour d'elle. Puis elle se releva brusquement des oreillers, passa la main sur ses yeux mouillés et me supplia de la quitter. Pourtant, je n'ai pas fait ce qu'elle m'a demandé ; et quand elle vit combien je prenais à cœur ses chagrins, elle se leva de son lit, sur lequel elle s'était couchée avec tous ses vêtements, et me pria seulement pour que ce soit la dernière fois que je lui parle d' Herdegen . .

Puis elle m'a conduit à sa table et m'a montré les choses qu'elle y avait disposées ; pauvres petits cadeaux que mon frère lui avait apportés ; tout le monde, sauf seulement le Petrarca aux noms en or : Anna-Laura. Et elle souhaitait que je les prenne tous et que je les renvoie à Herdegen au moment opportun.

Alors que j'acquiesçais tristement, elle a dû voir sur mon visage que les petits volumes me manquaient et, avant que je m'en rende compte, elle les avait sortis de sa poitrine et les avait jetés avec le reste.

Puis elle s'écria d'une voix changée : " Cela aussi... Ah ! non, pas ça ! C'est le plus beau cadeau qu'il m'ait jamais fait, et il était si bon et si gentil alors... Tu ne sais pas, tu ne sais pas ! " Comment Il me tarde de garder les livres ! Mais loin, loin avec eux !"

Puis elle mit le tout dans un foulard de soie, le noua avec des nœuds durs, me mit le paquet dans la main et me pria de rentrer chez moi.

Je suis rentré chez moi, le cœur malade, avec le paquet dans ma main froide, et quand la porte a été ouverte par Akusch , qui, pauvre homme, a supporté nos hivers rigoureux mais malade, j'ai entendu d'en haut les escaliers, des rires et une joie joyeux et bruyants. ; et je le savais grâce à la voix de la cousine Maud qui semblait submergée par la pure gaieté. Ma colère s'enflamma, car notre maison ce jour-là était certainement la dernière où une telle gaieté convenait.

Mes joues étaient rouges à cause de la tempête de neige, mais la rage les rendait encore plus chaudes à mesure que je montais les escaliers en toute hâte. Mais avant que je puisse dire un seul mot, la cousine Maud, avec laquelle se trouvaient le Magister et le vieux Pirkheimer , membre du conseil, s'écria dès qu'elle me vit : « Imaginez seulement, Margery, quelles rares nouvelles Son Excellence nous a apportées. Et elle continua en me racontant, avec une grande joie, tandis que Monsieur le Juge ajoutait des faits de temps en temps, que le Magister était depuis hier devenu un homme riche, dans la mesure où sa marraine, la vieille Dame Oelhaf , était décédée, lui laissant une grande richesse.

C'était une audition vraiment merveilleuse et joyeuse, car beaucoup avaient imaginé la défunte comme une femme dans le besoin qui avait exploité le commerce que son mari lui avait laissé, même si elle n'avait d'autre service que celui d'un garçon de magasin mal payé, qui était comme une des oreilles maigres du songe de Pharaon et de surcroît borgne. Cependant je me souvenais bien que sa petite boutique, qui n'était pas plus grande qu'un placard de bonne dimension, était toujours remplie d'acheteurs lorsque nous y étions entrés, contre tous les ordres, pour acheter quelques figues sèches. Je vois maintenant la petite maîtresse infirme traverser le magasin ou la rue en boitant, et les garçons l'appelaient : "Hip hop ! Canard boiteux !" et tout Nuremberg la connaissait mieux sous le surnom de Canard boiteux que sous celui de son mari.

Que la pauvre petite femme avait quitté cette vie, nous l'avions tous entendu hier ; mais même le Magister avait pleinement cru que ses restes ne vaudraient guère la peine d'une promenade jusqu'à l'hôtel de ville. Mais alors le savant avocat lui dit que par son testament, rédigé et attesté conformément à la loi, elle lui avait prévu tout ce qu'elle devait laisser comme étant le seul enfant qu'elle ait jamais été jugée digne de garder aux fonts baptismaux.

Puis, suite à une enquête faite dans sa petite maison, un bon nombre de bas usés furent trouvés dans la paille de son lit et dans d'autres cachettes, et dans eux, au lieu de ses petites jambes maigres, beaucoup de florins et ducats hongrois de bon or. . De plus, elle possédait une maison à Nordlingen et un moulin à Schwabach , et l'héritage qui était revenu au maître Peter n'était donc pas une mince affaire.

L'homme simple n'avait jamais espéré une telle fortune, et c'était en vérité risible de voir comment il oubliait sa dignité et sautait d'abord sur un pied puis sur l'autre en criant : « Non, non ! Cela ne peut pas être vrai ! Alors le pauvre Irus est devenu riche Crésus!"

Et ainsi il a continué jusqu'à ce qu'il nous laisse avec maître Perkheimer . Puis j'ai ri avec mon cousin ; et quand j'étais de nouveau seul, je m'émerveillais de la miséricorde d'une Providence bienveillante, par la direction de laquelle une petite joie nous fait oublier nos lourds chagrins, ne serait-ce que pour un instant.

La nuit, bien sûr, je ne pouvais m'empêcher de penser avec une nouvelle tristesse à ce qui nous était arrivé ; mais ensuite, le lendemain, je revis le Magister, et j'aurais voulu me réjouir de sa joie ; mais voilà, il était maintenant silencieux et ennuyeux, et à la première ouverture, il l'écarta et dit, très humblement et avec les yeux baissés : « Ne pensez pas du mal de moi, Maîtresse Margery, car hier, ma joie dans les possessions terrestres était terminée. pour mon esprit ; croyez-moi, ce n'était pas l'éclat de Mammon, mais bien d'autres choses qui me tournaient le cerveau. » Et il m'a avoué qu'il avait toujours porté Ann dans son cœur, même lorsqu'elle n'était qu'une jeune fille à l'école, et qu'il avait fait de sa conquête le but de sa vie. À cette fin, et alors que sans aucun moyen de subsistance il ne pouvait espérer, il avait mis de côté chaque centime qu'il avait gagné en enseignant chez nous et dans les classes de latin, et avait renoncé à l'achat de nombreux livres beaux et savants, ou même d'une jarre de vin à boire en compagnie de ses semblables. Il avait ainsi économisé une belle somme d'argent ; bien plus, il s'était cru à la portée de son objectif élevé lorsqu'il avait découvert, la veille de Noël, avant le départ d'Herdegen , que le Junker lui avait volé sa seule brebis. Il ne lui restait plus qu'à se taire, quoique dans une amère tristesse, jusqu'à ce que, ces derniers jours, le Ciel lui accorde sa miséricorde. Le puissant Junker — car c'est ainsi qu'il parlait et pensait toujours à mon frère aîné — avait, semble-t-il, relâché l'agneau, et lui-même se trouvait maintenant dans un état de vie dans lequel il pouvait très bien établir le ménage. Puis il m'a supplié en toute humilité de dire un mot pour lui à la dame de son choix, et je n'ai pas trouvé dans mon cœur de donner le coup mortel sur-le-champ à ses chères et fidèles espérances, même si je le pensais sûrement . qu'ils étaient tous en vain. Je lui conseille donc d'être patient au moins jusqu'à Noël, dans la mesure où il devrait laisser à Ann le temps d'oublier le souvenir d' Herdegen ; et il consentit avec une simple bonté, bien qu'il ait beaucoup changé et pour le mieux au cours de ces dernières années, et qu'il puisse se vanter d'un bon respect parmi les savants de notre ville ; et ainsi, même s'il n'était pas un homme riche et malgré son âge mûr, il serait accueilli comme gendre par de nombreuses mères de filles.

Ainsi le Magister, qui avait attendu si longtemps, se retint encore un moment. Les semaines se succédaient, le troisième dimanche de l'Avent passait, et la marée sainte était proche où devait prendre fin le délai que le patient prétendant avait laissé.

J'avais vu Ann moins souvent que par le passé. Dans la grande maison du chaudronnier, elle avait ordinairement les bras occupés, et je sentais bien que son visage était changé envers moi. Une sorte de peur, que je n'avais pas remarquée en elle autrefois, l'avait envahie récemment ; il me semblait qu'elle vivait toujours dans la crainte d'une nouvelle insulte ou d'une nouvelle blessure ; elle avait également refusé courtoisement mais fermement de se joindre aux festivités auxquelles elle avait été conviée par Elsa Ebner ou d'autres de la classe supérieure, et avait même dit non à l'invitation de l'oncle Christian à un bal, qui devait être donné aujourd'hui même, étant son nom. jour, dans son logement au Château. J'étais également invité et j'avais accepté la bonté de mon parrain ; mais mes timides efforts pour inciter Ann à faire sa volonté, en tant que sa meilleure et plus chère vieille amie, m'apportèrent la triste réponse que je devais moi-même juger à quel point elle était peu apte à des réjouissances de ce genre. Mon amitié avec elle, qui avait été autrefois ma plus grande joie, avait ainsi perdu toute sa légèreté, même si elle n'avait pas perdu toutes ses joies, et elle ne m'était donc pas moins chère, même si je la traitais maintenant comme avec une bien-aimée. enfant dont nous ne sommes pas totalement innocents.

Or il arriva que ce jour-là, le 20 décembre, étant le jour de fête de mon parrain, je la trouvai, non avec les autres, mais dans sa propre chambre, dans une violente détresse. Ses joues étaient en feu et elle était dans un tel trouble, comme si elle avait échappé à quelque terrible persécution. Alors je l'interrogeai avec hâte et crainte, et elle me répondit avec réserve, jusqu'à ce que tout à coup elle s'écrie :

"Ça me tue ! Je ne le supporterai plus !" et cachant son visage dans ses mains, je la serrai dans mes bras et, pour l'apaiser, j'ai fait l'éloge de son beau-père, maître Pernhart , de sa bonne humeur et de son bon cœur ; puis elle sanglota à haute voix et dit : « Oh, d'ailleurs ! Si c'était tout !

Et soudain, ou même j'en avais conscience, elle m'avait entouré de ses bras et m'avait embrassé les lèvres et les joues avec une grande chaleur. Alors elle s'écria : " Oh, Margery ! Tu ne peux pas te détourner de moi ! J'ai en effet essayé de me détourner de toi ; et j'aurais pu le faire, même si cela m'avait coûté le sang de mon cœur ! Mais maintenant et ici je te demande : est-ce que est-ce juste que je devrais me mettre sur le cheval de bataille parce qu'il m'a si cruellement blessé ? Non, non. Et j'ai besoin de ta véritable âme pour m'aider à me débarrasser du fardeau qui m'écrase à terre et m'étouffe. Aide-moi à supportez-le, ou je connaîtrai une mauvaise fin – je suivrai celle qui est morte ici, dans cette même chambre.

Mon âme s'était toujours tenue ouverte à elle et c'est pourquoi je lui ai dit de bon cœur, et son visage est redevenu tel qu'il avait été autrefois ; et même si les choses qu'elle avait à me dire n'étaient pas vraiment réconfortantes, je pouvais néanmoins, en toute honnêteté, lui dire d'avoir bon cœur ; et je sentis tout à l'heure que se décharger de tout ce qui lui avait pesé ces dernières semaines lui faisait autant de bien qu'un bain. Car c'était toujours pénible pour elle de voir sa mère roucouler comme un pigeon autour de son nouveau compagnon. Elle-même était pleine de ses éloges, bien que cet homme, bien élevé et formé aux bonnes manières, se conformerait toujours aux vieilles coutumes des anciens artisans, et que sa vénérable mère également s'y tenait fermement, de sorte que sa femme avait lutté pour vain de changer les habitudes de la maison. Ainsi, maître et maîtresse, fils et fille, contremaître et apprenti, couturier et servante, mangèrent tous, comme ils l'avaient toujours fait, à la même table. Et tandis que les filles, selon l'ancienne coutume, étaient assises dans l'ordre du côté de la mère, la plus jeune à côté d'elle et la plus âgée à la fin, c'est ainsi qu'Ann fut placée à côté du contremaître, qui était celui-là même qui avait trahi Gotz. Waldstromer à son maître parce qu'il avait lui-même jeté un oeil sur Gertrude. Le jeune homme avait bientôt jeté son cœur léger sur Ann ; et étant un brave garçon et le fils unique d'un maître aisé d'Augsbourg, il était également un célèbre courtisan et briseur de cœurs de jeunes filles, et pouvait se vanter de nombreuses histoires d'amour triomphales parmi les filles de la classe la plus simple. Il était, dans son propre rang, le coq de la promenade, comme disent ces gens-là ; et je me souvenais bien de l'avoir vu à un bal d'apprentis aux réjouissances de mai, où il était venu vêtu d'un pourpoint rose et de bas de couleur claire, orné de fleurs et de verdure dans son bonnet et sa ceinture ; il avait joué avec les filles du maître de sa guilde comme un fat qu'il était, et les avait fait danser comme s'il leur faisait un grand honneur en leur faisant la cour. Cela aurait pu, sans doute, lui donner une leçon de découvrir que la belle fille de son maître dédaignait son costume ; mais cela ne s'enfonçait pas profondément, dans la mesure où c'était pour le bien d'un Junker de haut rang. Avec Ann, il pouvait espérer plus de chance ; car bien qu'elle lui ait fait entendre dès le début qu'il ne lui plaisait pas, il ne la laissa pas en paix, et ce matin même, la trouvant seule dans le hall, il avait eu l'audace d'étendre la main pour serrer son. Quoiqu'elle l'eût aussitôt remis à sa place, et très brusquement, il semblait que, pour se protéger contre ses avances, il n'y avait d'autre remède qu'une plainte à son maître, qui troublerait la paix de la maison. Elle était en effet assez capable de prendre soin d'elle-même et de conjurer toute audace inconvenante de sa part ; mais elle sentait sa noble pureté souillée au contact de cette souillure de banalité dont elle avait conscience dans les manières de ce jeune homme et dans bien d'autres expériences quotidiennes.

Chaque repas, avec le grand plat dans lequel l'apprenti trempait sa cuillère à côté de la sienne, était pour elle une misère ; et quand la vieille mère du maître remarqua cela, et remarqua aussi avec quelle inquiétude elle se soumettait à sa nouvelle place et à son nouveau rôle dans la vie, voyant également les yeux tachés de larmes et le visage triste d'Ann, elle comprit que tout cela était dû à la raison que l'orgueil d'Ann pouvait à peine plier. endurer la vie dans une demeure d'artisan. Et son cœur se détournait de la belle-fille de son fils, qu'elle avait d' abord accueilli avec bienveillance ; elle l'ignorait en général, ou si elle lui parlait, c'était sur un ton dur et disgracieux. Ceci, comme Ann en voyait le but, la blessait d'autant plus, qu'elle voyait plus clairement que la nouvelle grand-mère était une femme chaleureuse, digne et droite, de la bouche de laquelle sortaient de nombreuses paroles sages, alors qu'elle était aussi gentille. aux plus jeunes enfants comme s'ils avaient été ses propres petits-enfants. Bien plus, il suffisait de la regarder pour voir qu'elle était faite d'une matière solide, et qu'elle avait la tête et le cœur à la bonne place.

Quelques heures depuis qu'Ann avait ouvert son cœur à son Père confesseur, le révérend prébendaire von Hellfeld ; et il lui avait conseillé de prendre le voile et de gagner le bonheur céleste dans un couvent en tant qu'épouse du Christ. Et tandis que tout ce qu'elle désirait était la paix et un refuge contre le monde dans lequel elle avait tant souffert, et que la cousine Maud et moi considérions également que c'était la meilleure solution pour elle, elle aurait volontiers suivi ce bon conseil, mais que son défunt cher père avait toujours été fortement opposé à la vie de cloître. L'égoïsme, dirait-il, est à la racine de tout mal, et celui qui devient étranger à ce monde et à ses devoirs de chercher le bonheur dans un couvent, dans la mesure où cette béatitude à laquelle aspirent moines et nonnes n'est rien d'autre qu'un Une forme de bonheur plus élevée, s'étendant au-delà de la tombe jusqu'à la fin de toutes choses, peut en effet avoir l'intention de poursuivre le but le plus élevé, et pourtant elle n'est qu'une recherche égoïste, bien que de l'espèce la plus élevée et la plus noble. Aussi, quelques jours avant sa mort, il avait exhorté Ann, en qui il avait depuis longtemps reconnu la véritable maîtresse de ses plus jeunes enfants, de les mettre en garde avant tout contre l'égoïsme, car maintenant que la main de la mort était déjà là. en lui, il trouvait son plus grand réconfort dans l'assurance d'avoir travaillé fidèlement, confiant dans la grâce de son Rédempteur, pour faire tout ce qu'il avait en lui pour ses propres amis et parents, et pour les orphelins des autres, qu'ils soient riches ou pauvres.

Ce discours était profondément ancré dans l'âme d'Ann et était présent dans son esprit lorsqu'elle prononçait des paroles si courageuses à Herdegen , l'exhortant à des objectifs plus élevés. Maintenant, sortant de nouveau de la porte du bon curé, elle avait rencontré son grand-oncle l'organiste, et lui demandant ce qu'il dirait si une malheureuse et désespérée jeune fille cherchait la paix qu'elle avait perdue dans le silence du cloître, le Un homme simple la regardait droit dans les yeux et se murmurait tristement : « Hélas ! Et en est-on arrivé là ? Puis il s'approcha d'elle, releva sa tête baissée et cria d'une voix encourageante :

"Dans un cloître ? Toi, dans un cloître ! Toi, notre Anne, qui as déjà appris à être une si bonne mère à l' école des Sœurs ? Pas d'enfant, et encore et encore je dis Non. Fais plutôt attention au dicton que ton vieux grand-oncle entendit un jour de la bouche d'un homme sage et bon, quand, dans l'heure la plus douloureuse de sa vie, il allait frapper à la porte d'un couvent cistercien . — Ses paroles furent : « Même si tu perds tout ce que tu considères comme ton le bonheur, si tu peux seulement faire le bonheur des autres, tu le retrouveras dans ton propre cœur.'"

Et plus tard, le vieux Heyden lui-même me raconta que lui, qui, dans sa jeunesse, avait été préfet des joueurs de cornemuse, avait été au bord de la folie lorsque sa femme, son Elslein , lui avait été arrachée au bout d'un an à peine. et demi de vie conjugale. Après avoir repris ses esprits, il avait conçu que l'équilibre et la tranquillité d'esprit ne se trouvaient que dans un couvent, près de Dieu ; et c'est à cette époque que le sage et excellent Ulman Stromer avait prononcé les paroles qui étaient désormais la lumière et la ligne directrice de sa vie. Il était resté dans le monde ; mais il avait renoncé au poste plus honorable de préfet des musiciens de la ville, et avait pris celui d'organiste, dans lequel il lui avait été accordé d'offrir son grand don de musique comme en sacrifice au ciel. Cette maxime, qui avait épargné le vieillard vertueux au monde, marqua également Ann ; et tandis que je voyais avec quelle joie elle avait reçu la doctrine selon laquelle le bonheur doit être trouvé en rendant les autres heureux, je l'ai priée de se joindre à moi pour la prendre désormais comme la lampe directrice de nos vies. Elle en fut très contente ; Et elle me montra ensuite pourquoi et comment nous devrions désormais nous efforcer de nous oublier nous-mêmes pour le prochain, avec cet envol de l'âme dans lequel je ne pouvais à peine la suivre que comme un enfant traîne après un papillon ou un oiseau.

Puis, quand je vis bientôt qu'elle allait mieux, je pris courage, mais pour plaisanter, étant sûr de son refus, de plaider la cause du Magister. Cependant, c'était au moment où je partais ; J'étais déjà resté et je l'avais retardée trop longtemps, dans la mesure où je ne m'étais pas encore préparé pour le festin chez l'oncle Christian. Mais, alors que j'allais parler ; un domestique entra avec une lettre écrite par le gentil vieillard à Ann elle-même, son « cher gardien », dans laquelle, pour la troisième fois, il la suppliait, avec une chaleur pressante, de ne pas refuser d'aller le voir le jour de sa fête. et engage-le dans la coupe d'amour pour sa santé et son bonheur.

A l'aide de ce tendre appel , je lui fis dire qu'elle partirait ; pourtant elle prononça ces mots avec hâte et avec une grande agitation.

Le messager de mon oncle avait empêché mon action en justice, alors pendant que nous parcourions à la hâte le magasin de vêtements de vacances d'Ann, j'ai mis fin à ma plaidoirie en faveur de Maître Peter; et ce que j'attendais s'est effectivement réalisé : sans paraître le moins du monde surprise, elle a fermement rejeté sa demande, disant qu'il était le pauvre, bon et fidèle Magister, et digne de conquérir une femme dont le cœur était tout à lui.

Chez mon oncle ce soir-là, à l'exception de certains érudits et révérends messieurs, Ann seule n'était pas de naissance douce. Pourtant, elle n’était en aucune manière la moindre, ni dans son attitude ni dans sa tenue ; et quand je la vis dans l'antichambre, toute éclairée de cierges, dans sa robe bleu ciel, remerciant le maître de la maison et sa sœur, qui tenait la maison pour lui, de leur condescendance, en levant son grand avec des yeux pleins de respect, j'aurais pu la serrer dans mes bras à la face du monde entier, et je m'émerveillais de la façon dont mon frère Herdegen avait pu, dans un péché, lui jeter un tel joyau.

Puis, lorsque nous entrâmes ensemble dans la chambre d'amis, il arriva que les joueurs de cornemuse cessèrent à ce moment-là de jouer et que tout le monde se tut, comme si un coup de trompette avait averti de l'approche d'un prince ; et pourtant, c'était uniquement en l'honneur d'Ann et de sa merveilleuse beauté. Il me semblait que tous les jeunes hommes présents auraient volontiers pris la place de Herdegen , et elle était si absorbée par la danse qu'elle pouvait à peine remarquer avec quelle diligence toutes les mères et les jeunes filles la négligeaient. Mais Ursula Tetzel ne s'en contenta pas, mais elle s'approcha d'elle et lui demanda en ricanant si le Junker Schopper à Paris allait bien.

Ann se redressa avec fierté et répondit précipitamment que si quelqu'un avait envie de nouvelles de lui, il ferait mieux de s'adresser à Maîtresse Ursula Tetzel, dans la mesure où elle avait toujours l'habitude d'avoir un œil attentif sur son cher cousin.

Alors Ursule s'écria : « Comme notre ancienne camarade de classe se souvient bien des leçons qu'elle a apprises ; même de la fable du Renard et des Raisins ! puis, se tournant vers moi, elle ajouta : « Elle n'a pas non plus perdu son savoir-faire ; elle n'est pas depuis longtemps dans la demeure de son beau-père et elle maîtrise déjà l'art de porter des coups comme font les chaudronniers. Et elle nous a tourné le dos à tous les deux.

Et bientôt, quand vint son tour de rejoindre la chaîne à laquelle Ann faisait partie, je remarquai bien qu'elle exhortait les jeunes avec qui elle dansait à se tenir à l'écart de la fille de l'artisan. Cependant, j'ai immédiatement réduit à néant son complot et fait honte au jeune gentleman. Non pas qu'elle ait besoin d'une telle défense , car sa beauté conduisait tout homme à la rechercher avant tous les autres. Et quand, au souper, l'oncle Christian l'appela à ses côtés et fit pleinement comprendre à tous combien elle était chère à son cœur fidèle, j'espérais qu'en effet la journée était gagnée pour elle, et que désormais notre amitié serait considérée comme une une affaire en dehors de tout souci avec son beau-père le chaudronnier. Pourquoi a-t-elle besoin de se soucier de ces femmes discourtoises, qui ont fait savoir, il est vrai, assez clairement en partant, qu'elles prenaient mal sa présence là-bas.

En rentrant chez moi, je crus qu'elle était d'humeur méditative et, lorsque nous nous séparâmes, elle me demanda d'aller la voir tôt le lendemain matin. C'est ce que j'aurais dû faire de toute façon, dans la mesure où je ne connaissais pas de plus grand plaisir, après une fête ou une danse à laquelle nous avions été ensemble, que de lui parler de tout sujet que nous aurions pu marquer chacun, mais il y avait quelque chose de plus que cela. dans son esprit.

Le lendemain, en effet, lorsque je l'avais saluée, elle avait perdu son air joyeux de la veille ; il était évident qu'elle n'avait pas dormi, et j'appris bientôt qu'elle avait réfléchi toute la nuit à ce que devait être sa vie et à la meilleure façon de remplir le vœu que nous avions tous deux fait. Plus elle avait réfléchi à la question avec diligence, plus elle avait jugé notre projet digne d'intérêt ; et le bal chez mon oncle Christian lui avait clairement prouvé que parmi notre classe, il y en avait peu à qui sa présence pouvait être la bienvenue, et personne à qui elle ne pouvait apporter un réel plaisir.

En cela, elle avait sans doute raison ; Pourtant, je fus surpris lorsque, avec la volonté inébranlable dont elle a toujours fait preuve, elle dit qu'après avoir soigneusement pesé la question, elle était décidée à accepter le Magister.

Lorsqu'elle s'aperçut de mon étonnement, elle me supplia, avec la même hâte qui m'avait émerveillé la veille, de ne pas contester une conclusion qu'elle avait pleinement pesée ; dans la mesure où le Magister était un homme digne qu'elle pouvait rendre vraiment heureux. De plus, sa richesse nouvellement acquise lui permettrait d'aider de nombreuses personnes indigentes dans leur besoin et leur misère. Je lui ai demandé sérieusement s'il y avait de l'amour pour lui, et elle a éclaté avec beaucoup de véhémence, disant que je devais être sûr que pour elle tout amour et toutes les joies de l'amour étaient comptés avec les morts. Elle raconterait cela à Maître Peter en toute honnêteté, et elle était sûre qu'il serait satisfait de son amitié et de sa chaleureuse bonne volonté.

Mais elle déversait tout cela comme si elle ne pouvait supporter d'entendre ses propres paroles. Une voix intérieure m'avertit en même temps qu'elle avait pris cette décision, afin que Herdegen comprenne pleinement que pour lui elle était perdue à jamais , même si je n'avais pas abandonné tout espoir qu'ils pourraient un jour arriver . ensemble, et que le noble amour d'Ann pour ce qu'il y avait de meilleur chez mon frère pourrait ainsi le sauver de la ruine totale. C'est pourquoi sa mauvaise résolution m'a rempli de rage, à un tel point que je l'ai insulté comme un acte insensé et coupable contre sa propre tranquillité d'esprit, et même contre celui qu'elle avait autrefois tenu aussi cher que sa propre vie.

Mais Ann m'a coupé court et m'a demandé sèchement de tenir ma promesse et de ne plus jamais parler d' Herdegen . Mon sang chaud s'est élevé à cela et je me suis dirigé vers la porte ; bien plus, j'avais la poignée du loquet dans la main lorsqu'elle vola après moi, me retint de force et me supplia avec des prières de la laisser faire sa volonté, pour cela elle n'avait pas le choix. Elle se proposait solennellement de se consacrer désormais à tout moment au bonheur des autres, et bien que cela exigeait de lourds sacrifices, elle était désormais prête à le faire. Si en effet je refusais toujours de porter sa réponse au Magister, alors elle l'enverrait par l'intermédiaire de son beau-père ou de Dame Henneleinlein , qui était apte à de telles courses, et demanderait à son prétendant de venir la voir.

Alors je m'aperçus qu'il n'y avait qu'un petit espoir ; le cœur lourd, et même avec une intention secrète, je pris cette tâche sur moi, car je voyais clairement que mon refus ruinerait tout. Il me semblait néanmoins que c'était un ordre heureux que le Magister parte de bon matin pour passer quelques jours à Nördlingen , afin de prendre possession de la maison dont il était devenu héritier ; car, lorsqu'un grand malheur nous attend, une âme pleine d'espoir s'accroche au retard comme au signe avant-coureur de la délivrance.

Je suis rentré chez moi plein de pressentiments, et devant notre porte j'ai vu les chevaux de mon oncle Forest qui m'attendaient. Il était au-dessus des escaliers avec la cousine Maud, et j'ai vite été informé qu'il était venu nous inviter, moi et Ann, à la grande chasse qui devait avoir lieu au Nouvel An. Son Altesse le duc Albrecht de Bavière, avec divers autres chevaliers et gentilshommes, avait promis d'y prendre part, et il avait besoin de notre aide pour son épouse malade et souffrante ; aussi, dit-il, il aimait voir « quelques jeunes filles intelligentes » à son conseil d'administration. Déjà, lui et sa cousine Maud avaient longuement discuté s'il serait convenable d'amener la belle-fille du chaudronnier en compagnie d'invités aussi illustres ; et la balance en sa faveur avait été établie dans son esprit par son opinion selon laquelle une belle jeune fille doit toujours plaire aux yeux du chasseur dans la forêt, quel que soit son rang.

Il n'avait plus qu'un souci, c'était que ni lui ni aucun autre homme n'avait jusqu'ici osé prononcer le nom de Maître Ulman Pernhart à ma tante Jacoba , et qu'elle ignorait donc son mariage avec la mère de sa chère Ann. Il faut pourtant que la dame en soit informée ; ainsi, constatant que ma cousine Maud ne cachait pas sa volonté d'accélérer la cour du Magister, alors que je pensais, avec raison, que ma tante m'aiderait volontiers à l'empêcher, je me décidai alors à repartir avec mon oncle, et tenir conseil avec sa femme astucieuse.

SIGNETS DE L'ÉDITEUR ETEXT :

Une petite joie nous fait oublier nos lourds chagrins.
Tout ce que j'ai fait était juste à ses yeux. Don spécial pour écouter attentivement et questionner discrètement. Le bonheur doit être trouvé en rendant les autres heureux. Je n'ai jamais eu envie de mettre mon cœur sur une seule servante. L'âme pleine d'espoir s'accroche au retard comme au signe avant-coureur. de délivrancePas de faux réconfort, pas de dissimulation de la véritéUn chef, au lieu de trois, dirigeait l'ÉgliseMême si tu perds tout ce que tu considères comme ton bonheur

Printed at Repro India Ltd.